Sixiang Daode yu Fazhi
Jiaoxue Anli

思想道德与法治
——教学案例——

主　编
游昀之　颜鹃花

副主编
邵龙宝　单美英　缪小培

上海交通大学出版社
SHANGHAI JIAO TONG UNIVERSITY PRESS

内容提要

　　本书紧紧围绕高校思想道德与法治课程相关教材章节的重点、难点,以及学生普遍关心的热点问题展开,编写了近30个教学案例。这些案例取材广泛,主题鲜明,分析点评准确到位。本书不仅可以提高教师教学的针对性和实效性,还能增强教学过程中的吸引力和感染力,更重要的是,还有助于提升高校学生的学科知识素养和逻辑思维能力。

图书在版编目(CIP)数据

　　思想道德与法治教学案例/游昀之,颜鹃花主编
. —上海:上海交通大学出版社,2023.11
　　ISBN 978 - 7 - 313 - 29604 - 7

　　Ⅰ.①思… Ⅱ.①游…②颜… Ⅲ.①民办高校—思
想政治教育—教学研究—中国　Ⅳ.①G648.7

　　中国国家版本馆 CIP 数据核字(2023)第 195804 号

思想道德与法治教学案例
SIXIANG DAODE YU FAZHI JIAOXUE ANLI

主　　编:游昀之　颜鹃花
出版发行:上海交通大学出版社　　　　　　地　　址:上海市番禺路 951 号
邮政编码:200030　　　　　　　　　　　　电　　话:021 - 64071208
印　　制:上海万卷印刷股份有限公司　　　经　　销:全国新华书店
开　　本:787mm×1092mm　1/16　　　　　印　　张:6.25
字　　数:133 千字
版　　次:2023 年 11 月第 1 版　　　　　　印　　次:2023 年 11 月第 1 次印刷
书　　号:ISBN 978 - 7 - 313 - 29604 - 7
定　　价:49.00 元

前言

为了贯彻中共中央宣传部、教育部关于加强和改进高等学校思想政治理论课的意见精神,推进"思想道德与法治"这门课的教学和改革,帮助教师和学生准确把握教材,加强理论联系实际,丰富教学内容,改进教学方法,实现由教材体系向教学体系转化,我们编写了这本《思想道德与法治教学案例》。

在编写过程中,我们紧紧围绕相关教材章节的重点、难点,以及学生普遍关心的热点问题展开,编写了近 30 个教学案例。这些案例取材广泛,主题鲜明,分析点评准确到位。本书不仅可以提高教师教学的针对性和实效性,还能增强教学过程中的吸引力和感染力,更重要的是,还有助于提升高校学生的学科知识素养和逻辑思维能力。

本书由上海杉达学院游昀之、颜鹃花担任主编,邵龙宝、单美英、缪小培担任副主编,负责设计本书写作框架,并统改、定稿。具体参编老师分工如下:绪论,倪丽娜、陈雁;第一章,叶金梅、宋晓东、陈粟;第二章,王雪俏、单美英、颜鹃花;第三章,邵龙宝、沈树永、郭众望;第四章,张旭、黄播;第五章,岳宝华、陈雁、哈龙;第六章,倪丽娜、陈飞、接剑桥、陈艳。

本书在编写过程中,参考了诸多历史文献、相关著作和研究论文,以及主流媒体相关报道等内容,在此一并向相关作者表示真诚的感谢。

由于时间紧迫,加之编者水平有限,书中会有不足之处,恳请专家、同人和读者批评指正。

目 录

>>> 担当复兴大任　成就时代新人

教学案例一

青春绽放在希望的田野上

一、案例描述

黑框眼镜、白短袖、马尾辫,干净利落。9年来,安徽省定远县吴圩镇九梓村党总支书记、"中国青年五四奖章"获得者王萌萌最熟悉的就是田间地头。

大学毕业那年,王萌萌回到家乡定远县,在吴圩镇西孔村当上了大学生村官。"我想和乡亲们一起奋斗过上好日子!"抱着这个念头,王萌萌走门串户,挽起袖子和老乡一块干活。

在九梓村上任不过小半年,王萌萌已和村民打成一片。"2013年刚开始在西孔村驻村时,可不是眼前这光景。当时村民觉得我是来'镀金'的,待不了多久。"王萌萌说。

以前,村民住的是瓦房,喝的是井水,走的是泥路,还有一些是贫困户。自小长在农村的她,一心想要带着大家脱贫致富。

她带着村民建果园、搞养殖,全村135户贫困户全部脱贫,村民年人均收入突破1.5万元。产业兴旺了,村容村貌也焕然一新。王萌萌坦言,乡村的变化让她觉得驻村工作意义非凡。村民养的家禽生了病,王萌萌看书自学帮着解决困难;她还组织"村播"培训班,培养村民直播带货,将手机作为新农具,把直播干成了新农活……"乡村振兴,关键在人。摸排发现,不少人都在合肥务工,我就琢磨着建个园区,吸引村民返乡就业。"王萌萌说。通过解决资金来源和吸引企业入驻,如今,园区正处于招标阶段,制衣企业入驻后,可以解决100多人的就业问题。

2021年,王萌萌任期结束时,有3个选择摆在她面前:继续驻村、到镇里任职或是回到县里。没有半点儿犹豫,她决定继续扎根农村,担任九梓村党总支书记。九梓村"两委"成员中有5个"85后","年轻人给村里注入了发展动力,农村发展一定会越来越好。"王萌萌说。

离开城市,回到农村,王萌萌的决定曾遭家人反对。可她坚持,要将青春挥洒在乡亲们最需要的地方,这一坚持就是9年。受到村民的质疑,王萌萌也曾落泪,但眼泪一抹,她咬咬牙,决心用行动证明给村民看;有过回城的机会,她选择放弃,只因想在美好的年华做更多有意义的事情。向下扎根,向上生长,她用坚守和奉献诠释着青春的美好。

资料来源:《人民日报》(2022 − 07 − 06)

二、思考讨论题

结合案例,谈一谈怎样做有理想有本领有担当的时代新人。

三、案例解析

处于新的历史方位,站在新的历史起点,当代青年比历史上任何一代青年都更加幸运与幸福,有更多的机会和条件去实现人生的梦想,也有更大的舞台去展现人生的精彩,面对新时代中国特色社会主义的广阔天地,当代青年必将大有可为,也必将大有作为。同时,当代青年也应当比历史上任何一代青年都要更加牢记使命,不忘初心,坚定不移听党话跟党走,以习近平新时代中国特色社会主义思想为行动指南,像青年榜样王萌萌一样,一件事情接着一件事情办,一年接着一年干,努力做有理想有本领有担当的青年,争当新时代的弄潮儿。

1. 有理想——"立志做大事,而不是做大官"

很多大学生村官刚来到村上,都会面临这样的一些质疑:"是不是为了考试才来村上的""当了村官是不是提拔要快得多""当村官是不是为了能解决就业压力"……这也是大多数人在想到大学生村官时可能会有的一些想法。时间长了,一些大学生村官自己都会产生"我为什么当村官"的疑问,是真的像别人口中说的把村官当成过渡期,逃避巨大的就业压力,还是因为其他的一些原因?然而,在真实地了解过一些类似王萌萌一样的大学生村官案例就会发现,当代大学生是怀揣伟大理想的一代。当村官,仅需要一年的时间,就能让你明白为什么坚守,走下去的意义何在。是看到村子勤劳致富乡亲们的激动喜悦,是走村串户间村民们的热情招待,也是田间地头汗水挥洒时的充实惬意……

"功崇惟志,业广惟勤。"正确的理想信念是安身立命的根本,是一切行动的基础。没有坚定的理想信念,就会导致精神上"缺钙",就会在各种诱惑和考验中迷失自我,走入歧途。习近平同志指出:"立志是一切开始的前提。青年要立志做大事,而不是做大官。"王萌萌刚大学毕业,来到西孔村就树立了坚定的理想信念,她的理想不是当大官,而是朴素的"我想和乡亲们一起奋斗过上好日子",从此她走门串户,挽起袖子和老乡一块干活,为人民办实事。当代青年要牢固树立中国特色社会主义理想信念,把自身的发展成才与人民群众的需要联系起来,自觉选择服务人民的事业,为人民做好事、做实事,与人民群众同呼吸、共命运、心连心,用自己的实际行动投身中国特色社会主义伟大实践,在实现中华民族伟大复兴中国梦的征程中实现自己的个人理想与人生价值。

2. 有本领——"把学习作为首要任务"

真正步入村官轨道,走村串户了解村情、社情是家常便饭,与村民相处间常常会碰上

"难题"。当村民们拉着你从小时候的上学趣事谈到家里的鸡今天下了几只蛋时，你的心里可能还挺欢喜，开心于群众愿意跟你拉家常，把你看作了"自家人"。但既然是自家人，诉苦埋怨也是少不了的：农副产品卖不出去怎么办、"低保名额"为何没有分配周全、果园病虫害如何有效防治……诸如此类问题层出不穷。部分群众经常夸大村官的作用，认为大学生村官能"呼风唤雨"，帮他们解决一切实际困难。话说回来，作为一村群众的服务者，了解群众所需、所急是必须的，而只有不断勤奋学习、增长本领才能应对各种困难，及时帮助群众解决难题，更好地服务群众。

时代是思想之母，实践是理论之源。中国特色社会主义进入新时代，意味着一系列新事物、新情况应运而生，意味着一系列的新问题、新挑战即将出现。面向未来、面对挑战，青年人的学习任务更重了，需要增强的本领更多了。把学习作为首要任务，就是要认真学习习近平新时代中国特色社会主义思想，坚持学而信、学而思、学而行，坚定脚步、昂首迈进；就是要广泛学习各种专业知识技能，坚持干什么学什么、缺什么补什么，不断提高自身素质和干事创业能力；就是要高度重视实践，积极发扬马克思主义的学风，在实践中发现、检验和发展真理，切实提高解决实际问题的水平，不断增强工作本领。王萌萌为了带领乡亲实现脱贫致富，主动找专家、学技术、建果园、搞养殖；遇见村民养的家禽生病，看书自学帮着解决困难；学习直播带货……这些都体现了她即使离开校园，依旧把学习作为首要任务。当代青年要树立梦想从学习开始、事业靠本领成就的观念，让勤奋学习成为青春远航的动力，让增长本领成为青春搏击的能量。

3. 有担当——"大事难事看担当"

毕业参加工作、步入社会，第一件事就是快速摘掉大学生身份，融入工作中，完成角色的转变。作为大学生村官，刚刚步入基层，换届选举的程序、群众纠纷的处理、低保名额的分配、违规建筑的拆除等，都需要从头做起，另辟一片天地。路将通向何方，成就什么样的人生，都是我们前进中如何选择、打磨的过程，这就需要有敢于战斗、不怕困难的担当精神。

踏浪前行风正劲，不负韶华争朝夕。今天的我们，比历史上任何时期都更接近、更有信心和能力实现中华民族伟大复兴的目标。作为实现中华民族伟大复兴的生力军，当代青年必须牢记历史使命，勇担时代责任。跟留在城里工作的同学相比，对方谈的往往是新潮话题，王萌萌挂在嘴边的却是村务和村民。王萌萌的决定曾遭家人反对，王萌萌也有过回城的机会，但她毅然选择离开城市，回到农村，只因想将青春挥洒在乡亲们最需要的地方，这一坚持，就是 9 年，在她身上体现了用坚守和奉献诠释的担当精神。有担当，就是要反对空谈、真抓实干，俯下身子做工作，深入人民做研究；就是要锐意进取、开拓创新，把青春活力汇聚成推动新时代中国特色社会主义深入发展的强大动力；就是要迎难而上、艰苦奋斗，不为任何困难所惧，自觉到党和人民最需要的地方去，在美好的年华做更多有意义的事情。

四、教学建议

该案例主要以陈述为主，建议用于教材绪论第二目"新时代呼唤担当民族复兴大任的时代新人"中。

通过案例,围绕党的十九大提出的"培养担当民族复兴大任的时代新人"战略要求,分析王萌萌有理想、有本领、有担当的具体表现,告诫大学生珍惜历史机遇,胸怀实现中华民族伟大复兴的中国梦,肩负接续奋斗的光荣使命,坚定理想,增强本领,勇于担当,成为中国特色社会主义事业的合格建设者和可靠接班人,为新时代贡献青春力量。

使用案例时注意与教材绪论第一目"我们处在中国特色社会主义新时代"的内容结合起来。新时代解决中国发展问题的关键在农村,土地、粮食和农民依然是永恒的课题。在分析案例前结合我国农村发展现状讲清楚为什么王萌萌要选择回乡做村官,使学生了解到新时代为大学生成长成才、勤学报国提供了广阔的舞台和无限的机遇,进而结合案例使大学生认识到当村官不是一件简单的事情,如何带领全村人走上致富的道路是一项很具挑战性的工作。当代大学生是民族伟大复兴的见证者和参与者,也是社会主义事业的生力军,从而使学生领悟时代新人要以民族复兴为己任,以有理想有本领有担当为根本要求。王萌萌来到乡村,带着自己的理想,为乡村发展贡献自己的一份力量,是时代新人的表现,是值得学习的榜样。

五、教学反思

本案例使用的预期效果是加深学生对于新时代的特征、中国梦与新时代的关系、做有理想有本领有担当的时代新人等知识点的理解,引导学生树立成长为能够担当民族复兴大任的时代新人的意识,了解时代新人的内涵,确立正确的人生成长方向。

教学过程中注意从教学目标、教材体系和学生的接受情况等入手,依据习近平新时代中国特色社会主义思想、党的二十大精神等,对案例进行有效转化。分析案例时从新时代农村的重要性入手,结合当代青年选择考虑的因素,如时尚、舒适、金钱、责任等主题深入分析,突出王萌萌选择的格局、眼光、责任,在话语运用上尽量选择最新元素,既有传统乡村主题,又有强烈时代气息,同时配合课堂讨论等互动环节,提高学生参与度和积极性,实现教师主导性与学生主体性相统一,完善教学过程,丰富教学内容,起到很好的教学效果。

如何做有理想有本领有担当的时代新人是教材绪论的重点和难点。要通过案例分析,讲清楚民族独立、国家富强、我们的美好生活得益于一代又一代中国人的奋斗与牺牲,引导学生树立远大理想;讲清楚在实现中华民族伟大复兴的道路上,我们还会遇到很多困难与挑战,必须靠扎实的本领去解决,引导学生树立学习信念;讲清楚实现中华民族伟大复兴的中国梦,需要青年一代的实干与努力,牢记历史使命,勇担时代重任,引导学生树立担当意识。

培养能够担当民族复兴大任的时代新人是实现"两个一百年"奋斗目标和中华民族伟大复兴中国梦的迫切要求。思政教师要从党和国家事业发展全局的高度,全面贯彻党的教育方针,担起落实立德树人、培养时代新人的重任,通过案例教学,促进时代新人的理念能够主动进入学生头脑,并被学生自觉落实到实践中。

参考文献

[1] 习近平.决胜全面建成小康社会夺取新时代中国特色社会主义伟大胜利[M].北京:人民出版社、

中国盲文出版社,2017.

[2] 中共中央宣传部.习近平新时代中国特色社会主义思想三十讲[M].北京:学习出版社,2018.

[3] 马丽娟,李昆燕."培养担当民族复兴大任的时代新人"融入思政课教学研究:以"思想道德修养
　　与法律基础"课为例[J].教育教学论坛,2020(53):85－87.

[4] 孔令朵.大学生村官那些事儿[EB/OL].(2017－02－22)[2023－06－19]http://mp. weixin. qq.
　　com/s/a5huIA7GjYe9efWdE8YSdw.

| 教学案例二 |

宋玺：从海军陆战队员到北大青年教师

一、案例描述

考上北京大学、参军入伍、合唱夺冠、和习近平总书记交流、获"最美退役军人"称号……这个"别人家的孩子"叫宋玺。2018 年 5 月 2 日,习近平到北京大学考察。在师生座谈会上,心理与认知科学学院本科四年级学生宋玺作为唯一的学生代表发言,分享了她的从军生涯。来自山西的宋玺是一名"90 后",2012 年进入北京大学学习。当兵是她从小的梦想,大三那年,她如愿入伍,在新兵训练的实战考核中,她以全优的成绩加入海军陆战队,成为一名侦察队队员。她作为中国人民解放军第 25 批赴亚丁湾护航编队中的一名特战队员,先后参与特种大队的舱室搜索、救援、对海射击等各项训练,足迹遍及南海群岛、亚丁湾等地。如今的她成了北京大学的一名专职辅导员,一头利落的短发,一张明媚的笑脸,每一个与她接触的人,都会被她身上洋溢着的青春气息所感染。

二、思考讨论题

（1）宋玺为什么参军入伍？
（2）立大志、明大德、成大才、担大任的目标对于当代大学生遥远吗？

三、案例解析

1. 宋玺为什么参军入伍？

宋玺选择携笔从戎一方面是受了她父亲的影响,宋玺的父亲曾从军 19 载,宋玺小时候,妈妈每年都要带她去军营看望当兵的爸爸。英姿飒爽的军人形象、热血沸腾的军营生活、真挚深沉的战友情谊,在宋玺心中埋下了参军的种子。虽然她身上有不少的缺点,但军营生活确实给了她很多正能量,而这些正能量正是她一直向往的。为了这份正能量,在本科毕业之前,宋玺就报名参了军。

另一方面参军报国也是宋玺从小的梦想。高考时,宋玺就想报考军校,但深知军人不易的母亲觉得当兵太苦,没有支持女儿的当兵梦。进入北京大学后,宋玺时刻关注着征兵消息。大一、大二期间,每年她都会向父母提出想去参军,但一再遭到反对。大三那年,宋玺

参加了学校和海军一起合作的实践活动。站在舰艇上,看着英姿飒爽的水兵肃立在码头,军旗迎风招展,她再也压抑不住内心的向往。于是,当海军来学校征收义务兵时,宋玺"先斩后奏",瞒着父母偷偷报了名。直到接到部队通知参加复检的消息,她才告诉父母。面对女儿的坚持,父母最终选择了支持。宋玺说:"这是我一生绝对正确又无怨无悔的选择。"

回忆起在部队的那两年,宋玺表示虽苦犹甜,特别是"部队发的板蓝根冲剂,就挺甜的!"她说,自己在部队喜欢上了跑步,长跑锻炼了她的意志力,也让她在面对困难时愈发沉稳。

"训练辛苦,有时候心里也会有很多纠结、焦虑的情绪,但是只要人民需要我们,我们一定二话不说、立马就上,决不会推脱或后退。"宋玺说自己入伍后最大的变化就是更加勇敢、更加有力量。遇到什么事都会直接面对,始终保持着士兵冲锋的姿态。

"个人成长依托民族命运,人生价值汇入时代洪流。"这是北大的精神,北大的传统——纸上得来终觉浅,绝知此事要躬行。宋玺退伍返校后,成为海军的宣传员,也成了同学们的兼职辅导员。她登上了北大的思政课讲台,她会坦言日常训练的伤痛,更会谈论保家卫国的光荣。听她讲述的时候,台下一双双年轻的眼睛里闪着光,一如当年的宋玺。

部队的经历,磨炼着宋玺,也重塑着宋玺。如今,她正把自己的亲身经历讲给更多人听,用这份爱国情怀,筑牢"大思政课"立德树人的"压舱石"。在她看来,爱国是每一个中国人心之所系、情之所归,增强爱国主义教育有助于青年明辨大是大非、锻造忠诚思想、树立长远之志。要将爱国主义教育全方位地融入思政课教学,引导广大青年以身体力行的奋斗将浓浓的爱国情与坚实的强国志、报国心统一起来,自觉投入到实现中华民族伟大复兴的奋斗之中。

曾经那个撰文《感谢贫穷》的北大女孩王心仪,听了宋玺的讲述后便立志参军,如今已是一名光荣的海军战士。而当年与她一同来听课的同窗挚友、北大中文系杨洁瑜,也在不久前拿到了入伍通知书。

2. 立大志、明大德、成大才、担大任的目标离我们很遥远吗?

对每个同学来说,立大志、明大德、成大才、担大任的时代要求,离我们并不遥远。当代大学生建功立业的舞台空前广阔,梦想成真的前景空前光明。每个人都有机会在实现中国梦的伟大实践中创造自己的精彩人生!宋玺就是其中之一,她大三时选择参军入伍,硕士毕业时选择成为一名专职辅导员,可以说宋玺的两次人生抉择就是她"立大志、明大德、成大才、担大任"的具体表现。

2015年9月,宋玺正式入伍。初入军营,她就为自己设定了目标——进入有"两栖霸王花"之称的海军陆战队女子两栖侦察队。可是,宋玺很快意识到,军营生活并没有她想象得那么"美好"。白天,宋玺瘦弱的小身板与"踢正步""爬战术"较劲。到了晚上,红肿疼痛的膝盖折磨得她难以入睡……

但宋玺没有低头,她牢记自己的梦想——成为绽放在祖国最需要地方的"霸王花"。宋玺给自己制订了更加苛刻的训练计划,跑步慢,就专门跟着大高个一起跑,做俯卧撑,喊一下她做两下。攀爬铁丝网、五公里越野、实弹射击、擒拿格斗,每一个训练科目,宋玺都坚持完成别人近两倍的训练量。几个月间,高强度的训练让她一下瘦了20斤。

2015年12月,新兵训练结束,宋玺以全优的成绩加入海军陆战队,如愿成为一名两栖侦察兵。2016年12月,因表现优异,她被选拔列入中国海军第二十五批护航编队,赴亚丁湾执行护航任务,成为编队里唯一一名女陆战队员。

2018年5月,习近平总书记来到北大考察,在与总书记的座谈会上,宋玺作为唯一的学生代表,向总书记汇报了自己求学、当兵的经历。宋玺说:"从蜜罐子到部队的经历,让我深刻感受到大学生一定不能脱离群众,一定不能架空自己。"面对习总书记与全校师生,宋玺许下承诺——"争做担当民族复兴大任的时代新人"。

宋玺一直努力践行着这个承诺。她登上北大的思政课讲台,讲述在军营中训练的艰辛和保家卫国的光荣。宋玺还被推选为征兵形象大使,在课余时间到全国多地进行征兵及国防教育宣讲,鼓舞和激励更多青年学子参军。在宋玺入伍的2015年,全国有80万大学生报名参军,这个数字,在2020年变成了120万。宋玺颇为感慨:"我们一朵云推动着另一朵云,找到了心中的大空。后浪滚滚,每一滴水,都倒映着家国情怀、责任担当。"

如今,在完成北京大学临床与健康心理学专业硕士研究生的学业后,宋玺成为北京大学一名专职辅导员。在宋玺看来,"当兵时在亚丁湾,我们是为各国的往来船只护航,而做学生辅导员,恰恰是为同学们的健康成长护航"。

在课堂和校园外,宋玺鼓励着更多年轻人。她的社交媒体账号已经有18万粉丝,很多青少年向她咨询,她都尽可能有问必答。

无论是作为海军陆战队员,还是作为北大青年教师,宋玺一直秉承着从现在做起,从日常点滴做起,担当起党和人民赋予的历史重任,将个人成长与国家发展统一起来,把个人前途同国家命运联系起来。为国家发展贡献聪明才智,在激扬青春、开拓人生、奉献社会的进程中,书写无悔时代的壮丽篇章。

四、教学建议

本案例可用于讲述教材绪论第二目"新时代呼唤担当民族复兴大任的时代新人"这部分内容,目的是告诉青年大学生们,立大志、明大德、成大才、担大任的目标离我们并不遥远,这是一条需要踏实付出,同时也能获得自我成长的道路。

"生逢盛世,肩负重任。"从参军报国的大学生,到为青年学子保驾护航的辅导员,宋玺的身份改变了,但身为中国青年的责任担当从未改变。相信所有青年大学生们也一定能够和宋玺一样,在向心向阳、向上向善的奋进之路上走得更高、更远。

五、教学反思

青年是最富有朝气、最富有梦想的人。习近平总书记多次寄语新时代青年,青春由磨砺而出彩,人生因奋斗而升华。在宋玺身上,我们看到了一名新时代大学生的情怀与风采。她用激情和执着坚定理想信念,用勤奋努力提升本领才干,用青春热血实现责任担当,成为时代新人的优秀代表!

　　关于如何激发学生做担当民族复兴大任的时代新人,教师还需要搜集一些本校优秀校友的人物故事,以及其他贴合学生生活的案例,这样可以与学生产生更强的联结感,进而让学生更有触动和启发。

参考文献

[1] 年轻的"老兵"宋玺:从海军陆战队员到北大青年教师[EB/OL]. (2021-09-09)[2022-12-22] http://www.360kuai.com/pc/950d93369e7ffe1b9? cota = 3&kuai _ so = 1&sign = 360 _ 57c3bbd1&refer_scene=so_1.

[2] 第十四届大学生年度人物:宋玺:唯有奋斗 才能证明热爱[EB/OL]. (2019-05-22)[2022-12-22]http://edu.people.com.cn/n1/2019/0522/c1053-31098487.html.

[3] 从北大学生到海军"霸王花",她又有了新身份[EB/OL]. (2021-11-08)[2022-12-22]http://baijiahao.baidu.com/s? id=1715832862736553536&wfr=spider&for=pc.

第一章 >>> 领悟人生真谛　把握人生方向

开山岛上的"孤岛夫妻哨"

一、案例描述

开山岛位于我国黄海前哨,面积仅 0.013 平方公里,距最近的陆地江苏省连云港灌云县燕尾港约 12 海里,岛上野草丛生,海风呼啸,人迹罕至,条件极其艰苦。1986 年,江苏省军区成立开山岛民兵哨所,当地人武部找到了灌云县民兵王继才,让他担起守岛重任。王继才一口答应,瞒着家人登上开山岛。在那之后,王继才的妻子王仕花也辞掉了小学教师工作,以哨员的身份陪伴丈夫一同守卫海岛,一守就是 30 年。他们也被人们称为"孤岛夫妻哨"。

其实,王继才是开山岛的第五任"岛主"。此前几任待的时间都不长,最长的 13 天,最短的 3 天。岛上条件的艰苦程度令人难以想象。淡水、粮食、蔬菜、蜡烛等生活用品都要花钱从岸上购买后托人捎带过来。当时两人的年工资加起来只有 3 000 元,除去生活开支,所剩无几。夫妻俩每天在岛上升起五星红旗,早晚例行巡岛;观察监视和报告海上、空中情况;反敌内潜外逃;防敌小股袭扰;协助维护社会治安,救护海上遇险船只和人员,每天完成守岛日记的记录,遇有突发情况要及时向上级部门汇报。

因浪大风急无法下岛,王继才曾在岛上亲手为自己的妻子接生;因守岛有责,夫妻俩 30多年来仅有 5 个春节离开孤岛与家人团聚。

让王继才感到最为遗憾的是,因为守岛,自己的几位亲人去世时,却没能见到最后一面。王继才一家过得很清贫,但面对巨额的诱惑,他始终没有放弃自己的原则。开山岛独特的位置,成了犯罪分子眼中走私、偷渡的"天堂"。1999 年 3 月,孙某找到王继才说:"王叔,你下岛吧,小岛让我来经营,赚钱和你对半分。但不能向上级部队领导汇报这件事。""不干净的钱坚决不要!"王继才迅速报告上级。1997 年 8 月,县里有个单位的领导,以在开山岛搞投资开发为名,暗中却搞偷渡,有个"蛇头"私下找到王继才,掏出 10 万元现金求行个方便,被他拒绝。多年来,夫妻俩先后报告过9次涉及走私、偷渡等违法事件线索,其中6次成功告破。王继才、王仕花自1986年起,30余年如一日坚守开山岛,把人生最美好的年华献给海防事业。他们先后被评为年度"感动中国"候选人、全国情系国防好家庭、全国十大海洋人物和中国十大正义人物。2014年9月,王继才、王仕花夫妇被中宣部授予"全国时代楷模"称号。2015年2月11日上午,军民迎新春茶话会在北京举行,习近平总书记在茶话会前亲切会见了全国双拥模范代表,其中就有荣获"情系国防好家庭""爱国拥军先进个人"称号的王继才。"总书记详细询问了开山岛的情况,还拍了拍我的肩膀说,'辛苦了,辛苦你们了!'"王继才说,"总书记这么关心我们,我们更要守好开山岛,要守到守不动为止。"

"我是农民的儿子,为了一个承诺,我选择了上岛;我是哨所的民兵,为了一面国旗,我留下来守岛;我是一名共产党员,为了一个信仰,要在开山岛守下去,直到守不动的那一天!"在2014年的一次报告会上,王继才如是说。现在,开山岛新建了一座爱国主义教育基地,里面陈列了王继才夫妇守岛30年的很多物件。截至目前,已有近万人上岛接受教育,学习王继才夫妇坚守孤岛30年,爱国奉献的赤子情怀。社会各界的关心支持,更加坚定了夫妻俩的信念。"守岛是我们的本职,我们一定守好开山岛每一天,直到守不动为止。再大的苦、再大的困难我们都会克服,只要一天能动,我们就要让五星红旗在开山岛上高高飘扬!"这是夫妻俩共同的心声。

资料来源:《人民日报》2018-07-30

二、思考讨论题

(1) 结合材料,谈谈人生目的、人生态度和人生价值三者之间的辩证关系。

(2) 结合所学知识,谈谈如何实现自我的人生价值。

三、案例解析

王继才夫妇32年守着一座岛屿,没有守在孩子们的身边,家里的生活捉襟见肘,过年家人无法团聚,12海里的距离并不遥远,但夫妇俩在开山岛上守住了祖国海防前哨,32载共谱家国情,充分体现其人生目的、人生态度、人生价值。从夫妇俩身上,充分体现人生目的决定人生道路,决定人生态度,决定人生价值。人生目的是生活在一定历史条件下的人在人生实践中关于自身行为的根本指向和人生追求。

人生态度是指人们通过生活实践形成的对人生问题的一种稳定的心理倾向和精神状态。人生态度是人生观的重要内容。一个人有什么样的人生观,就会有什么样的人生态度。反过来,一个人对人生的态度如何,往往又制约着他对整个世界和人生的看法,从而对个人的世界观、人生观产生重要影响。

人生价值是指人的生命及其实践活动对于社会和个人所具有的作用和意义。人生价值内在地包含了人生的自我价值和社会价值两个方面。人生的自我价值,是个体的人生活动对自己的生存和发展所具有的价值,主要表现为对自身物质和精神需要的满足程度。人生的社会价值,是个体的实践活动对社会、他人所具有的价值。人生自我价值的实现是个体为社会创造更大价值的前提,人生社会价值的实现是个体自我完善、全面发展的保障。

人生目的、人生态度、人生价值三者之间具有辩证统一关系。人生目的决定着人们对待实际生活的基本态度和人生价值的评判标准,人生态度影响着人们对人生目的的持守和人生价值的评判,人生价值制约着人生目的和人生态度的选择。

实现人生价值,一是看社会贡献,而社会贡献需要从人生价值内在地包含人生的自我价值和社会价值两方面关系来看,人生的自我价值是个体生存发展的前提条件,而人生的社会价值是实现人生自我价值的基础,没有社会价值,人生的自我价值就无法存在。从人的社会性是人的本质属性看,人生的社会价值是人生价值的最基本内容。一个人的生活具有什么样的价值,从根本上说是由社会所规定的。二是看人生价值评价的根本尺度和基本尺度,根本尺度是看一个人的人生活动是否符合社会发展的客观规律,是否通过实践促进了历史的进步(对社会发展和人类进步是否有利,这是评价人生价值的唯一客观标准)。基本尺度是劳动以及通过劳动对社会和他人作出的贡献。三要掌握恰当的评价方法,坚持能力有大小与贡献须尽力相统一;坚持物质贡献与精神贡献相统一;坚持完善自身与贡献社会相统一。

四、教学建议

本案例应当结合教材第一章第一节"人生观是对人生的总看法"中关于人生目的、人生态度、人生价值三者之间的关系进行知识点拓展,同时,该案例有对应的电影《守岛人》,可适当结合影片进行分享学习。

五、教学反思

本案例结合知识点内容——当人生面临重大选择时应当作出怎样的价值判断和行为选择,这可以让当代大学生从中受到良好的启发。事实上,"思想道德与法治"课程每章的教学内容都十分丰富,在有限的时间里如何能够做到既完成教学任务,又能够达到与学生形成良好的互动,的确是一个非常复杂的问题,比如在引导学生学习世界观、人生观、价值观时,应当多引导学生合作、探究,展开想象后交流;"什么样的人生观是有意义的",学生各抒己见、尽情发挥,同时授课教师要把握一个度,作为学生的引导者、合作者,有责任指导学生完成学习任务,做到收放自如、开阖有度,在能够引发学生思维处要放,让学生充分合作探究交流尽情地享受驰骋思维的乐趣,但当学生已完成了这个思维过程后,就要及时收,并及时进行下一个环节,用新的信息再次激发学生新的思维,才能既完成一节课的学习任务,又注重学生合作、探究、交流的体验过程。此外,还要反思教学过程中学生的参与度和是否适应学生的个性差异。学生的个性差异是客观存在的,授课教师必须根据学生的个性特长、专业特点,因材施教、因人施教、因类施教,无论是情境的创设还是内容的呈现,无论是问题的设置还是释疑解惑,均应多层次、多维度、多渠道地开展教育活动。

参考文献

人民日报.那个默默守岛32年的英雄,走了[EB/OL].(2018－07－30)[2023－6－20]http://mp.
weixin.qq.com/s/EGGiiLvDtYHzgFdEbR4F3Q.

教学案例二

拒绝"躺平",让人生焕发光彩

一、案例描述

有一位法国小伙子,名字叫塞巴斯蒂安。他一直有一个心愿——有一天,他可以过上一种轻松自由的"躺平式"生活,什么都不需要做。并且,他在自己拿到博士学位后,还真准备把这个心愿付诸实践。

其实,塞巴斯蒂安是一个不折不扣的学霸,他很聪明,从学士、硕士再到博士学位拿到手软,但是由于他缺乏积极进取的人生观,所以他的心里只有一个不思进取的念头,那就是"躺躺躺,躺到天荒地老"。

为了说服自己的父母支持自己的想法,他还振振有词地对父母说:"既然你们把我生下来,那么你们就能帮助我。"父母当然不同意塞巴斯蒂安这个关于"躺平"的想法。但是小伙子一心想过轻松自由的生活,于是走出家门,接受同学们的邀请去了巴黎,以很便宜的租金和其他两个室友共同租住在一间环境不错的公寓里。由于塞巴斯蒂安不赚钱,所以连最基本的生活都无法得到保障,于是他就去申请了低保。

拿到低保之后,他就开始了轻松自由的生活——每天大部分的时间都躺在床上,什么都不干。在床上躺够了,他会起来读读儿童绘本,或者一个人在家里跳舞,或者在公园的长椅上看书,一坐就是一天。

而且,他把这种轻松自由、无欲无求的生活描述得特别唯美:"我喜欢无聊,喜欢虚度光阴,喜欢停顿,喜欢时间停滞的瞬间。我也喜欢等待,以及长途旅行。我喜欢事情的准备阶段。对于我,梦想做某事比实际做某事更好。"

后来,塞巴斯蒂安彻底"躺平"的美梦被室友叫醒了。这个室友是一个女生,她的名字叫安娜。她一直暗恋着塞巴斯蒂安,并且总是在生活中找各种各样的机会向塞巴斯蒂安进行暗示。但是塞巴斯蒂安始终沉浸在自己的世界里,只想着怎么过上一种轻松自由的生活,对安娜的暗示无动于衷。

安娜终于耗尽了耐心。在一个阳光明媚的早晨,她对正在吃早餐的塞巴斯蒂安说了一段意味深长的话:"你并不快乐,塞巴斯蒂安,你内心有恐惧。你那些关于清心寡欲、悠闲度日的想法,全都是谎言。你喜欢去梦想你的生活,而非去体验你的生活。其实你是在害怕失败,你认为什么都不做就不会失败。我曾嫉妒你(过得如此轻松悠闲),而我现在很同情你。我希望你能走出现在的状况,越快越好。"

安娜所说的这段话,直击塞巴斯蒂安的内心,让他深受触动,他有了一个全新的念头——主动融入生活,变得积极进取起来。接下来,他搬出了公寓,找了一份工作。因为他之前最喜欢的就是躺在床上睡觉,所以他就去应聘做床铺销售员。

凭借着丰富的"床上躺平"经验,他还成了床铺的金牌销售。通过这份工作,他感受到了奋斗所能带来的充实感。与此同时,他还在销售床铺的过程中遇到了自己心爱的女人。后来他和这个女人结了婚,并且有了一个孩子,过上了真正幸福的生活。

资料来源:法国电影《轻松自由》(导演:本杰明·格德杰)

二、思考讨论题

(1)你如何看待"躺平式"的生活?你认为"躺平式"的生活对青年人来说有哪些潜在的负面影响?

(2)对于青年人来说,为什么要保持积极进取的人生态度?

(3)拒绝"躺平"就意味着要走出舒适区,你认为一个人如何才能鼓起勇气走出舒适区?

三、案例解析

近年来,"躺平"成了社交网络上的一个热词。所谓"躺平",主要指青年人在面临人生难题和压力的时候,所采取的一种"与世无争"的消极态度,这种态度的本质是一种逃避问题的心理状态。这种消极的处世态度,虽然对于很多青年人来说颇具吸引力,但是从长期来看,这种处世态度对于青年人的成长来说,具有一系列的危害。正如电影中的主人公塞巴斯蒂安那样,他在博士毕业之后,就选择了"躺平",不再工作。当一个人选择不再工作的时候,那么他就无法为这个社会创造任何的价值,这种做法就无益于社会的进步。纵使塞巴斯蒂安拥有博士学位,但是只要他选择"躺平",那么他所学的知识就无法在社会实践中体现出价值,这样的做法不仅让人感觉十分可惜,同时也让他的人生失去了光彩和意义。总之,"躺平"的生活虽然会带来一时的安逸,但是从长远的角度来看,却会阻碍一个人的成长和发展。正所谓"宝剑锋从磨砺出,梅花香自苦寒来",人往往是在一次又一次的困难中战胜一个又一个挑战,进而使得自己的能力获得增长,自己的才华得到磨砺。

对于青年人来说,保持积极进取的人生态度非常重要。从国家发展和社会进步的角度来说,当前青年人正处在美好的新时代,新时代是一个鼓励青年人不断探索和奋斗的好时代,青年人只有保持积极进取的人生态度,不断投身于社会主义的伟大实践当中,才能不断地去创造和创新,成为实现中华民族伟大复兴的先锋力量。从个人发展的角度来说,只有保持积极进取的人生态度,才能过上真正幸福的生活。正如习近平总书记所说:"幸福都是奋斗出来的。"只有在奋斗的过程当中,一个人才能充分体会到战胜困难的满足感,才能体会到人生的价值感和意义感。就像影片当中的主人公塞巴斯蒂安,当他选择从床上爬起来,不再沉迷于那种无所事事的生活之后,通过一份踏踏实实的工作,他感觉到人生的充实和丰盈,最终过上了一种真正幸福的生活。

"拒绝'躺平',积极进取"不是一句用来空喊的口号,而是一种需要青年人不断去践行的理念。在日常生活中,要想保持一种积极进取的态度,除了要看到积极进取的价值之外,关键还要鼓起勇气走出舒适区。影片中,主人公塞巴斯蒂安不自觉地运用了三个方法,让自己走出了舒适区,变得更加积极进取了。这三个方法,可以带给我们一定的启发:

第一,重申自己想要达到的目标。通常来说,我们之所以要选择走出舒适区,是因为我们想要达到某个目标。而我们重申这个想要达到的目标,就会对自己走出舒适区产生一定的激励效果。就像知道为了什么而活着的人,什么样的苦难都能够忍受一样。对于塞巴斯蒂安来说,他想要达到的真正目标,其实是过上幸福的生活。开始的时候,他选择通过一种"躺平"的方式来追求幸福,但是这种方式实际上把他带入了一种幸福的幻觉,他所感受到的更多是一种精神上的空虚,以及与现实生活的一种脱节。后来,他选择找一份工作,在努力地工作中寻找幸福。正是这份工作,让他真正地找到了幸福。也就是说,恰恰是在为了目标奋斗的过程中,一个人才能感受到真正的幸福。

第二,选择积极进取的人做朋友。人很容易受到环境的影响。正所谓:"蓬生麻中,不扶自直;白沙在涅,与之俱黑。"一个人如果能够选择与积极进取的人做朋友,那么就很容易跟着变得积极进取。影片主人公塞巴斯蒂安之所以能够从"躺平"的模式切换到奋斗的模式,和他拥有一位积极进取的室友有很大的关系。他的室友安娜积极进取,正是她对塞巴斯蒂安所说的那一番话,唤醒了塞巴斯蒂安,让他选择采用更加积极的态度来面对人生。

第三,用成长的心态来面对生活中的困难。很多人害怕走出舒适区,是因为内心里面藏着一些深层次的恐惧。比方说,担心自己表现得不够完美,担心自己辜负了家人的期望,等等。而要想鼓起不断前进的勇气,不断地走出舒适区,就必须用成长的心态来面对生活中的困难。没有人一开始就会表现完美的,我们只能通过自己的不断努力逐渐变得完美。影片中的塞巴斯蒂安,开始的时候只是喜欢幻想自己的生活,幻想出来的生活当然可以被他描述得完美无缺,但这无法掩盖"他不敢面对不完美的现实"这一深层次的恐惧。后来,当他鼓起勇气行动,用成长的心态来面对生活中的困难,从一名床铺销售员的工作开始做起的时候,他才让自己的生活重新迈入了正轨。

总之,要想走出"躺平"的状态,我们首先要认识到"躺平"的危害,认清"躺平"的实质就是在逃避问题;同时也要看到积极进取的人生态度所能带来的重要价值,它会促使我们在奋斗的过程中获得真正的幸福;最后我们还要有一些具体的方法,让自己敢于突破舒适区,在内外因的共同作用下,在努力奋斗的过程中,让人生焕发出夺目的光彩。

四、教学建议

本案例所对应的课程知识点是教材第一章"领悟人生真谛,把握人生方向"第二节"正确的人生观"当中所包含的"积极进取的人生态度"这一部分内容。使用该案例的教学目的是让学生对保持积极进取人生态度的重要性有一个合理的认知,同时对最近一段时间所兴起的"躺平主义"的亚文化有一个科学合理的认知,尤其是看清楚"躺平"的生活所带来的危害,同时通过课堂教学也让学生能够了解一些走出舒适区、焕发奋斗精神的具体方法。

使用该案例的时候,特别需要注意两点。第一,不要对"人生需进取"等观点进行泛泛而谈,让学生产生一种"老师只不过是要把所谓正确的观点强加给我"的感觉,而是要侧重讲积极进取的真正价值,以及"躺平"的真正危害,从而让积极进取的理念深入学生的内心。第二,要想保持积极进取的人生态度,往往需要用一个较为明确的奋斗目标作为引领。所以在讲这部分内容的时候,可以和教材当中"高尚的人生追求"这一部分的内容相结合,勉励学生确立"服务人民、奉献社会"这一高尚的人生追求。

五、教学反思

之前没有结合案例讲"积极进取的人生态度"这一部分内容的时候,课堂讲授过程很容易沦为泛泛而谈,所讲述的内容也很难入脑入心。结合案例进行讲解本部分的内容时,比较容易引起学生的兴趣,唤起学生的共鸣。尤其是很多学生受"躺平主义"亚文化的影响,总是觉得所谓幸福就是"躺平",在面对困难的时候很容易采取消极回避的人生态度。而电影《轻松自由》这一案例的引入,通过教师的系统讲解,除了能够让课堂变得更加有代入感之外,学生也能看清"躺平"的本质其实是逃避问题,这种生活并不是一种值得去追求的生活。另外,在结合案例进行讲解的过程中,学生也能认识到采取积极进取人生态度的重要价值,同时也明白了走出舒适区的一些实用方法,从而让学生从案例学习的过程中不仅有了代入感,还有了获得感。

当然,在采用该案例教学的过程中也存在一些问题,在今后教学的过程中还需要进一步改进。比方说,有一次在讲解"躺平"潜在危害的时候,有学生质疑说,"躺平"其实有很多的好处,并且认为"一时'躺平'一时爽,一直'躺平'会一直爽"。针对学生的这种质疑,不应当急着反驳学生的观点,而是应该首先肯定学生观点当中合理性的一部分,肯定在某些时候"躺平"也有一定的积极意义。比方说,在一个人受到一连串打击的时候,这个时候偶尔"躺平"一下可以让自己的身心得到放松。然后,在此基础上,让学生明白偶尔"躺平"和持续"躺平"是两件性质不同的事情,持续"躺平"就变成了一种消极的人生态度,最终会破坏一个人的斗志。

总之,在运用该案例进行教学的过程中,应当允许学生进行充分讨论、充分发表自己的意见,让学生有机会充分把自己的真实观点表达出来,而不是一味地进行灌输,让学生觉得这些大道理离自己很遥远,然后在此基础上再进行有针对性的引导,最终达到既定的教学目的,让学生真正看到积极进取的价值和意义。

参考文献

[1] 侯振中."躺平"亚文化的生成及反思[J].人民论坛,2021(35):123-125.

[2] 宋晓东.人生没有技巧,就是笃定地熬[M].天地出版社,2020:9-14.

[3] 徐晓宁,任嵩.习近平奋斗幸福观的科学内涵及其对大学生奋斗精神养成的启示[J].思想理论教育导刊,2020(7):128-131.

| 教学案例三

司马迁受腐刑而成《史记》

一、案例描述

公元前99年，汉军出击匈奴，飞将军李广之孙李陵的五千步兵不幸被匈奴的八万精锐骑兵包围，李陵力战之后被俘投降。司马迁在汉武帝面前为李陵辩解，"上以迁诬罔，欲沮贰师，为陵游说，下迁腐刑"。遭受腐刑之后，司马迁内心悲愤不已，他思考过人生的生与死，认为"人固有一死，或重于泰山，或轻于鸿毛，用之所趋异也"。在逆境中，司马迁以历代圣贤为师，他说："文王拘而演《周易》；仲尼厄而作《春秋》；屈原放逐，乃赋《离骚》；左丘失明，厥有《国语》；孙子膑脚，而论兵法；不韦迁蜀，世传《吕览》；韩非囚秦，《说难》《孤愤》；《诗》三百篇，大抵圣贤发愤之所为作也。"最终他决定忍辱负重，在孤愤中完成了"究天人之际、通古今之变、成一家之言"的史书——《史记》。

现代文学家、思想家鲁迅先生曾经评价司马迁其人其书："恨为弄臣，寄心楮墨，感身世之戮辱，传畸人于千秋，虽背《春秋》之义，固不失为史家之绝唱，无韵之《离骚》矣。"

二、思考讨论题

(1) 请结合案例，谈谈司马迁的得与失、顺与逆、生与死、荣与辱。
(2) 谈谈你对人生得与失、顺与逆、生与死、荣与辱辩证关系的认知和体悟。

三、案例解析

1. 准确把握基本史实

司马迁遭受腐刑之事，在《史记》《汉书》和《资治通鉴》中有较为翔实的记载，可以了解这件事情的原委曲折，探究历史事件和历史人物的坎坷起伏。事情起因于李陵之祸，在这次汉朝出击匈奴之战事中，本来准备让李陵负责后勤辎重的接应，但李陵主动请缨愿以五千步兵攻击匈奴单于王庭，汉武帝被其豪言壮语所感而允诺；而后在实际战事之中，李陵所部虽英勇作战，使匈奴造成较大的死伤，但终究寡不敌众不得已而投降。汉武帝听闻李陵战败的消息后本来希望他能够以身殉国，但后来却又听说李陵投降，因此极为震怒。在当时朝廷群臣都将所有的责任推诿给李陵之时，汉武帝将此事问询任太史令的司马迁，司马迁却不通世故地为李陵慷慨陈言，历数李陵平时为人处事的品德，极力表彰李陵在此次战事中所表现的英勇气概，并且推测李陵并不是真的投降而是暂时屈身等待机会再报效汉朝。但是司马迁不懂帝王心术之难测，没想到他的忠言进谏却招来汉武帝的迁怒，最终遭遇人生的屈辱。东汉史学家班固在《汉书·司马迁传》中感叹："呜呼！以迁之博物洽闻，而不能以知自全，既陷极刑，幽而发愤，书亦信矣。迹其所以自伤悼，《小雅》巷伯之伦。夫唯

《大雅》‘既明且哲，能保其身’，难矣哉！"

2. 深刻探析司马迁心路历程

司马迁遭受腐刑之后，内心的挣扎集中体现在他所写的《报任安书》中，从中我们可以清晰地看到主人公面对人生莫大不幸的心路历程。司马迁在《报任安书》中认为，腐刑是在人身体残害中最令人感受羞耻的，所谓"最下腐刑极矣"，因为古之贤士都耻与阉竖为伍，曾经作为士大夫的司马迁也受此刑罚而身处残秽之中；更重要的是由此带来的精神折磨，司马迁自称"独郁悒而无谁语"，"居则忽忽若有所亡，出则不知其所往"，整个身心处在孤苦恍惚之中而备受煎熬。他并不是没有想到过通过死亡消除眼前的羞辱，但之所以隐忍苟活，乃是因为"幽于粪土之中而不辞者，恨私心有所不尽，鄙陋没世，而文采不表于后世也"。所谓"文采表于后世"，其实就是继承家族父亲之遗志而要编撰的史书，因为尚在撰写之中没想到遭遇飞来横祸，惋惜这部史书没能够完成，所以才忍受人生的极大苦难，进而坦然处之。而激发司马迁忍辱负重的精神动力在于，他在古圣先贤中得到生命的共振和同感，周文王、孔仲尼、屈原等身世皆是经历人生磨难而后成就其在历史上的功业。就这样，在经历如此心理磨炼转换之后，坚定了司马迁完成《史记》的决心和意志，最终他以自己的人生和写就的史书流芳百世、激励后人。

3. 相关历史人物的展开深化

司马迁在《史记·太史公自述》和《报任安书》中都反复提到过相同的历史人物和故事："文王拘而演《周易》；仲尼厄而作《春秋》；屈原放逐，乃赋《离骚》；左丘失明，厥有《国语》；孙子膑脚，而论兵法；不韦迁蜀，世传《吕览》；韩非囚秦，《说难》《孤愤》；《诗》三百篇，大抵圣贤发愤之所为作也。"周文王被商纣王囚禁而演绎《周易》，孔子在陈国、蔡国之间被围困绝粮而创作《春秋》，屈原忠心报国却被放逐而赋诗《离骚》，左丘明双眼失明才有《国语》，孙膑被庞涓所害削去膝盖骨而论有兵法，吕不韦被秦始皇忌惮而迁徙到蜀地乃留下传世的《吕氏春秋》，韩非子被李斯所陷害而冤死于秦国乃有《说难》《孤愤》。这里面涉及的每个人物都通过史书的原始文本了解其人其事，更能够展现出司马迁从个人悲苦中超脱出来的背后之中华文化的智慧和精神。

4. 古代历史案例的现代演绎

鲁迅先生曾经在《汉文学史纲要》中称赞司马迁的《史记》是"史家之绝唱，无韵之《离骚》"，由此可以引发出对鲁迅先生求索、战斗一生的延展发挥，正如毛泽东同志所言："鲁迅的骨头是最硬的，他没有丝毫的奴颜和媚骨。这是殖民地半殖民地人民最宝贵的性格。"毛泽东同志本人也在《为人民服务》一文中提到司马迁的故事和言论："人总是要死的，但死的意义有不同。中国古时候有个文学家叫作司马迁的说过：‘人固有一死，或重于泰山，或轻于鸿毛。’为人民利益而死，就比泰山还重；替法西斯卖力，替剥削人民和压迫人民的人去死，就比鸿毛还轻。张思德同志是为人民利益而死的，他的死是比泰山还要重的。"毛泽东同志引用司马迁在受腐刑之后的生死思考和创造性解释，成为现代中国共产党人的生死观和价值观。

四、教学建议

本案例主要结合教材第一章第三节"辩证对待人生矛盾"这一知识点,目的是让同学们从中能够领悟出:不要惧怕或斤斤计较个人一时的得失,而是要在奉献社会中获得人生更大的价值;不要屈服于人生困难和艰苦,而是要在磨炼中乐观向上成就人生;不要困顿于人生的逆境,而是要在磨难中奋进完成更高的目标;不要忧惧于人生的生死,而是要在有限人生中充分发挥生命的潜能,提升人生的境界;不要纠结于人生突如其来的耻辱,而是要在知耻而后勇中实现人生的荣光。

使用此案例要侧重结合"正确看待顺与逆"这一内容深化展开,通过学习认识到树立积极进取人生态度的重要性,并阐发在树立积极进取人生态度的过程中,正确对待生活中的挫折的重要性。

五、教学反思

此案例在课堂讲解过程能够使学生进入中国悠久历史之厚重中,在鲜活生动的故事讲述中让其感受到所蕴含的道理,在潜移默化中熏陶其品格、培育其正确的人生观和价值观。此案例在实施过程,有学生对这段历史人物故事或者涉及的相关历史人物并不熟知、不理解,这需要教师首先熟读涉及的历史人物故事的古代典籍和现代文献,在深刻把握其中精义的前提下,做到贯通古今,将这个案例讲解清楚明白,让学生身临其境地感受到历史人物故事的曲折原委,从而触发内心的感动和思考,引发其对自我人生的正确感悟和高尚行动。

参考文献

[1] 司马迁.史记[M].北京:中华书局,2019.
[2] 班固.汉书[M].北京:中华书局,2007.
[3] 鲁迅.汉文学史纲要[M].上海:上海古籍出版社,2011.
[4] 毛泽东.毛泽东选集[M].北京:人民出版社,1991.

第二章 >>> 追求远大理想　坚定崇高信念

长征，理想信念的伟大远征

一、案例描述

　　伟大的长征，不仅是中国共产党及其领导的工农红军创造的人间奇迹，也是中华民族惊天动地的英雄史诗，红军指战员在长征中用血与火铸就了伟大长征精神，给党、国家和人民留下了宝贵的精神财富。"革命理想高于天"，即坚定的革命理想信念，是长征精神的重要组成部分，又是长征精神其他内容赖以形成和发展的基础，是统帅和贯穿长征精神其他内容的灵魂，可以说是长征精神的核心。

　　长征初期，由于党内"左"倾教条主义领导者的错误战略指导，中央红军仍处于继续被动挨打的境地。在突破国民党军队第四道封锁线的湘江之战时，为了党中央的安全，为了保卫"马背上的共和国"，红军广大指战员高举着军旗，高喊着"一切为了苏维埃新中国"的口号，冒着敌人密集的炮火，同国民党军队进行殊死的决战。湘江之战后，中央红军由长征出发时的8.6万人锐减至3万多人。在党和红军面临险境绝路的情况下，红军广大指战员并没有因为革命遭到巨大挫折而失去对党的信任和丧失对革命的信心，而是始终抱定革命事业必胜的信念和随时为党的事业献身的决心，始终保持理想不移，信念不灭，对党的耿耿忠心不变，跟着党英勇地鏖战在长征的万里征途上。湘江战役中，担任掩护任务的红五军团第三十四师被阻于湘江东岸，陷入数十倍于己的敌人包围之中。5 000多名指战员英勇拼杀，浴血奋战，最后弹尽粮绝，大部分壮烈牺牲，血染湘江。师长陈树湘身负重伤，不幸被俘，敌人企图把他送往长沙邀功。途中，陈树湘用手绞断受伤流出体外的肠子，壮烈牺牲，用对党和人民的忠诚，实现了他为共产主义奋斗到底的誓言。

　　长征的胜利是无数红军将士流血牺牲换来的。成千成万的红军将士牺牲在枪林弹雨的长征路上，长眠于皑皑雪山、茫茫草地上，有些还大义凛然、英勇就义于敌人的刑场上，他们用鲜血与生命铸就了伟大长征精神，他们的英雄事迹永远镌刻在历史的丰碑上。长征路上,一批批战友倒下了,后面的红军指战员掩埋好战友的遗体,擦干身上的血迹,又义无反顾地冲上去。是什么力量在激励、推动他们?是理想与信念的神奇力量在激励他们奋斗、前进,他们凭着永远跟共产党走、甘愿把自己的一切献给革命事业的赤胆忠心,英勇奋战,直至长征的胜利。长征,是理想信念的伟大远征。

资料来源:中国共产党新闻网《理想信念是红军长征创造奇迹的精神支柱》

二、思考讨论题

(1) 如何理解长征是理想信念的伟大远征?

(2) 如何理解理想信念是精神之"钙"?

(3) 作为青年大学生,应当如何走好新时代的长征路?

三、案例解析

通过案例,我们深刻领悟到,长征是一次理想信念的伟大远征。长征的胜利,可以说是中国共产党人理想的胜利,是中国共产党人信念的胜利。是理想信念为红军战士树立目标指引方向,是理想信念在英雄们面对困难时,提供不断前行支撑动力,也是理想信念不断提升英雄们的个人精神境界,不达目标不放手。习近平总书记指出:"长征胜利启示我们:心中有信仰,脚下有力量;没有牢不可破的理想信念,没有崇高理想信念的有力支撑,要取得长征胜利是不可想象的。"苦不苦,想想长征两万五,累不累,想想红军老前辈。英雄的红军战士完成了纵横十余省,长驱二万五千里的长征之路;他们同敌人进行了600余次战役战斗,跨越近百条江河,攀越40余座高山险峰,其中海拔4 000米以上的雪山就有20余座,穿越了被称为"死亡陷阱"的茫茫草地,翻越了身体极限的皑皑雪山。英雄们早将生死抛于身外,早将个人抛于身外,凭着毫不动摇的理想信念,用铁一般顽强的意志征服了人类生存极限,用自己的身躯抵住了敌人的枪口,完成了看似不可能完成的伟大征程,创造了气吞山河的人间奇迹。所以,长征是理想信念的伟大远征。

许多红军战士投身革命之初不识字甚至没有名字,他们并不确切知道什么是革命。但他们知道自己的理想和目标,那就是拯救天下穷苦人,献身共产主义事业。正是这样的理想与信念,他们勇往直前,一批批倒下去,又一批批站起来,为了人民,为了国家,为了共产主义事业,为了心中那不灭的光芒,拼尽全力,拼尽最后一口气,直至胜利。所以理想指引方向,信念决定成败。一旦这个目标确定了,人就会用自己的行动朝着目标前进,即使前进的路上充满曲折,遍布荆棘,面对死亡,也能使人看到希望,并与之毫无保留的斗争,在风雨中不迷失方向,不东摇西摆。军旅作家王树增说他曾在档案中看到:过草地时没吃的,不少战士吃草中毒,于是有部队成立试吃小组,参加者有一个条件——必须是党员。"我想,当他们误吃一种植物倒下的那一刻,他们是没有遗憾的,因为他们心中有一种梦想,有信仰的支撑。"用理想信念去支撑的故事在红军队伍里比比皆是,如在红三十一军九十三师二七四团中"半截皮带"的故事也同样令人动容。红军战士在穿越草地时,由于环境的恶劣、食物的缺乏，连半根野草都寻不到时，战士们只好从自己的身上寻找可以充饥的食物。手枪带皮、鞋底皮、腰带皮……要知道，红军战士周广才的皮带可是他的战利品，是他的心头宝贝。当他奉献出来，看着皮带一段一段被吃掉，他禁不住流下了眼泪。战友们一点点地吃，大家都舍不得全部吃完。在后面的艰难路途中，战士们一个个倒下牺牲，战士们宁肯忍饥挨饿，也要将半截皮带留下来，带着它，去见毛主席，铁心跟党走。班长在临终前叮嘱周广才："一定要将半截皮带保留下来，走出草地，带着它去找党中央、去见毛主席。"带着嘱托，周广才随部队胜利到达延安。为了缅怀战友，他用铁筷子在皮带背面烫上了"长征记"三个字，并用红绸子包裹起来，舍不得再用。1975 年，周广才将珍藏了几十年的半截皮带捐献给了国家。可见，理想信念昭示奋斗目标，催生前进动力。

长征之路，湘江战役是决定生死存亡异常惨烈悲壮的一战。案例中我们讲到的红军英雄陈树湘宁愿用手绞断受伤流出体外的肠子壮烈牺牲，也不愿沦为敌人的俘虏，这是为共产主义而奋斗的理想信念提供的强大精神支柱。像陈树湘这样为理想而牺牲的红军战士还有很多，他们每一位都是值得铭记的英雄，是我们无法忘怀的英雄。红军战士刘华清在长征途中腿部受重伤，按照组织规定伤员可以就地安置，但他态度坚决地说："给 100 块大洋也不留下，死也要死在红军队伍中。"我们都知道翻越雪山对红军战士们的身体带来了极限挑战，彻骨的寒冷、难忍的饥饿。这种身体极限，我们无法想象。队伍中有个同志穿着单薄的旧衣服被冻死，在指挥员调查时发现，被冻死的就是负责分发棉衣装备的军需处长，他选择把棉被分给他人，自己受冷受冻牺牲，这是多么崇高的思想境界啊！这又是怎样坚定的革命理想信念啊！所以，理想信念提供精神支柱；理想信念提高精神境界。

如今，我们处在一个新时代，处在中华民族伟大复兴的关键期，中华民族伟大复兴中国梦的实现，需要我们每一个人走好新时代的长征路，接好革命英雄的接力棒，追求远大理想，坚定崇高信念，在实践中努力奋斗，发奋学习，提升技能，为实现中国梦注入青春能量。

四、教学建议

长征，是理想信念的伟大远征。正是革命理想高于天，用坚定的理想信念如磐石般支撑，无数红军战士用鲜血和生命换来了长征的伟大胜利。运用长征及长征中红军战士鲜活的真实案例，与教材第二章"追求远大理想　坚定崇高信念"第一节"理想信念的内涵及重要性"紧密结合，可以让学生通过一个个小故事、一位位英雄人物生动深刻地了解和认识理想信念的重要性，从而结合自身，在新时代新的长征路上，追求远大理想，坚定崇高信念。

五、教学反思

在课堂授课时，通过长征故事的分享、图片的展示、视频的播放、学生讨论分享，使学生从认知、情感、意志等方面全面感悟、深度认同理想信念的重要性。同时在新时代走好新时代的长征路，在实现中国梦的实践中放飞青春梦想。在实际教学中发现，学生对长征及长征英雄战士有非常强的感情，但因时间久远，离"00 后"大学生还有时间上的距离，这需要更多的音频、视频、图片等声情并茂、丰富多彩的形式进行展示。同时，可以设置人人搜集"长征小故事"及"人人宣讲长征精神"的学生活动,让所有学生参与进来,打破"你说我听、你讲我通"的单向教育,发挥学生主观能动性,深入了解长征真实故事,有更强的情感共鸣与精神共鸣。让学生参与这样的活动,会使长征故事及长征精神深入人心,使学生更加懂得理想信念的重要性,同时还让学生意识到自身责任,进而主动担当实现民族复兴大任的时代使命。所以,教学活动中,教师要多设计贴近学生、吸引学生、能够使得全体学生参与进来的小活动,通过活动载体,增强课堂教育实效。

参考文献

[1] 刘志军.铁血将军陈树湘[J].共产党员,2021(11):54.

[2] 李俊杰,郑育琛.陈树湘革命事迹融入大学生担当精神培育的路径探析[J].教书育人,2021(3):63-65.

[3] 姜廷玉.理想信念是红军长征创造奇迹的精神支柱[EB/OL].(2016-10-17)[2022-7-29]http://dangshi.people.com.cn/nl/2016/1017/c85037-28783070.html.

[4] 习近平.在纪念刘华清同志诞辰100周年座谈会上的讲话[N].中国青年报,2016-09-29(03).

教学案例二

李大钊: 铁肩担道义　为庶民求解放

一、案例描述

1889年,李大钊出生于河北省乐亭县大黑坨村。1907年,18岁的李大钊为寻求救国救民真理考入天津北洋法政专门学校,参与出版《言治月刊》。辛亥革命后,面对国家尚未真正独立富强的现状,李大钊忧国之所忧,哀民之所哀,写下《隐忧篇》和《大哀篇》,下定决心为挽救中华而努力奋斗。

1914年9月,李大钊入日本早稻田大学学习。在学校,他接受了马克思主义思想和社会主义理论,为他回国宣传马克思主义、走上革命道路起了奠基作用。第二年,他得知日本向中国提出《二十一条》不平等条约,便积极参加留日学生的抗议斗争,他起草的通电《警告全国父老书》传遍全国。

1916年,李大钊回国后,担任北京大学图书馆主任一职。任职期间,李大钊和陈独秀、鲁迅等一起高举反帝反封建大旗,掀起了一场轰轰烈烈的新文化运动大潮。"铁肩担道义,妙手著文章"是李大钊一生的写照。

李大钊率先在中国系统地宣传马克思主义。1917年俄国十月革命胜利后,李大钊用敏锐的眼光看到了民族求得解放的希望,连续发表了《法俄革命之比较观》《庶民的胜利》《布尔什维主义的胜利》等文章,并断言"试看将来的环球,必是赤旗的世界"。

李大钊紧跟历史发展和时代进步的潮流不断探索,凭着这种不断探索的精神,当思想条件和组织条件逐渐成熟的时候,李大钊提出建立中国共产党的主张。李大钊是中国共产党的主要创始人之一,他为党的建立在思想上、组织上和实践上作出了重大贡献。李大钊在《团体的训练与革新的事业》一文中指出:"我们现在还要积极组织一个团体,这个团体不是政客组织的政党,也不是中产阶级的民主党,乃是平民的劳动家的政党,即是社会主义团体。"

1922年中共二大后,李大钊受党组织委派,三赴上海,两到广州,与孙中山商谈国共合作,为建立国民革命统一战线、实现第一次国共合作作出了重大贡献。1925年5月,中共中央北方执行委员会成立,李大钊任北方区委书记。李大钊是中国北方革命运动的伟大领袖,他在北方地区宣传马克思主义,领导工农城市运动,建立党的组织。1926年4月,奉系军阀张作霖入关后,大肆镇压国共两党的革命人士,北京处在严重的白色恐怖中,李大钊领导北方区委继续和各地党组织保持联系,持续斗争近1年之久。1927年4月6日,李大钊和其他80名革命志士被张作霖逮捕。4月28日,李大钊高呼"共产党万岁",在绞刑架上英勇就义。

李大钊一生简朴清廉,他同时代的人这样描述他:"黄卷青灯,茹苦食淡,冬一絮衣,夏一布衫,为庶民求解放,一生辛苦艰难。"

资料来源:耿建扩,等. 李大钊:铁肩担道义 为庶民求解放[N/OL]. (2018 - 04 - 27)[2023 - 05 - 22]http://news. gmw. cn/2018-04/27/content_28516573.

二、思考讨论题

(1) 李大钊的一生,体现了怎样的崇高理想信念?

(2) 李大钊为践行自己的信仰,做出了哪些方面的努力?

(3) 如何理解李大钊的预言"试看将来的环球,必是赤旗的世界"?

(4) 新时代大学生应该树立怎样的崇高理想信念,并为此奋斗终身?

三、案例解析

1. 青年李大钊志存高远,为强国富民、为中华民族之崛起而奋斗

李大钊出生于1889年。那时的中国,正处在帝国主义加紧侵略和封建统治日益腐朽而造成的深重灾难之中,国家和民族濒于危亡边缘,人民生活在水深火热之中。李大钊虽然出生后就成为孤儿,但幸得爷爷李如珍精心栽培。在他很小的时候就立下了报国的豪情:"欲立其身,先忧其国……念书就是为了强国富民。"1907年,18岁的李大钊因"感于国势之危迫,急思深研政理,求得挽救民族、振奋国群之良策",决然考入北洋法政专门学校。1913年冬,李大钊东渡日本留学,开始接触社会主义思想。1915年,日本帝国主义提出灭亡中国的《二十一条》不平等条约,李大钊积极参加留日学生的抗议斗争。他起草的通电《警告全国父老书》传遍全国,他大声疾呼中国人民用卧薪尝胆的精神进行抗争,他因参加反日斗争而被当时就读的学校除名,但他毫不后悔。在青年李大钊看来,与国家和民族的命运相比,个人的学业前途是微不足道的。正是强烈的爱国之心和对社会、对人民的高度责任感,促使李大钊同志奋不顾身、英勇战斗。

2. 为救国救民，李大钊寻求真理，传播和实践马克思列宁主义

李大钊是第一个把马克思主义作为政治信仰在中国系统传播，并主张向俄国十月革命学习的先进分子，在马克思主义传播的过程中起了重大作用。1918年1月，李大钊接任北京大学图书馆主任。到任后，他开始注意收集有关马克思学说的书籍以及俄国十月革命以来的著作。1918年7月起，李大钊先后发表《法俄革命之比较观》《庶民的胜利》《布尔什维主义的胜利》和《我的马克思主义观》，大力宣传俄国十月革命，歌颂社会主义革命，向人们传播了社会主义必然代替资本主义的马克思主义基本观点，号召人民向俄国学习，关注劳工命运。由李大钊等人发起的少年中国学会是五四时期在社会上有较大影响的社团之一，李大钊被推举为学会机关刊物《少年中国》的编辑主任。这个学会聚集了许多著名的早期共产党人，如毛泽东、张闻天、邓中夏、恽代英、田汉等。随着马克思主义传播运动的发展，早期共产主义者已经不满足于一般的结合。1920年3月，李大钊秘密组织了北京大学马克思学说研究会。在中国共产党成立前后，它对马克思主义的传播和培养早期共产主义者发挥了重要作用，北京共产党小组就是以它为基础建立起来的。

3. 创立中国共产党，推动中国革命蓬勃发展

李大钊紧跟历史发展和时代进步的潮流不断探索，凭着这种不断探索的精神，当思想条件和组织条件逐渐成熟的时候，李大钊提出建立中国共产党的主张。李大钊是中国共产党的主要创始人之一，他为党的建立在思想上、组织上和实践上作出了重大贡献。

中国共产党成立后，李大钊积极推动国共第一次合作，促成了第一次国共两党的合作，形成统一战线。正因有了国共第一次合作，才有了后来反帝反封建的巨大凝聚力，完成了民族资产阶段革命。他是在我国最早提出知识分子要与工人、农民结合在一起的思想家、革命家。在他的指导下，北京大学平民教育讲演团和长辛店劳动补习学校相继成立，向平民阶层、工人阶级传授新知识，宣传新思想。他领导北方党组织发动群众，在各地建立农民协会，开展工人罢工运动，开创了北方工农革命的蓬勃局面。

4. 对党忠诚，不负人民，为共产主义献身

大革命风起云涌之际，奉系势力进入并掌握北京，北方革命形势越来越险恶。中共中央写信给北方区委，多次催促他们转移至武汉。李大钊一边为贯彻执行中央指示及时安排大批革命同志出京南下，一边则坚持留守阵地为北伐军打到北京作接应准备。李大钊一直没有离开北京，在极其困难的情况下坚持党的工作。1927年4月6日，奉系军阀和"京师警察厅"在帝国主义的支持下，率领300多名反动军警暴力闯入东交民巷的苏联大使馆，将李大钊等共产党员非法逮捕。李大钊的被捕，举国震惊，社会各阶层爱国人士强烈抗议奉系军阀反苏反共的暴行，陈独秀领导的中共中央立即动员各界力量开展营救行动。当李大钊得知北方铁路工人组织想通过劫狱营救自己后，他表示坚决反对，他说："我个人为革命、为党而牺牲，是光荣而应当，且已经是党的损失……我不能再要同志们来做冒险事业……不要使革命力量再遭损失。"李大钊被羁押在狱中22天，敌人对他施以各种酷刑，加以威逼利诱，妄图从他口中探听共产党的一些机密，但李大钊始终大义凛然，绝口不提。他大义凛然道："我是马克思学说的崇信者,故加入共产党,对于其他之一切行为则概不知之!"临刑前,李大钊身着棉袍,镇定自若地在敌人的镜头前留下了最后一张照片,他从容地看了看风中摇曳的绞索,拖着伤痕累累的血肉身躯,带着凛然不可侵犯的威严目光,含着让人永远难忘的坚定笑容,慷慨激昂地发表了最后一次演讲,他说:"不能因为你们今天绞死了我,就绞死了伟大的共产主义!我们已经培养了很多同志,如同红花的种子,撒满各地。我们深信共产主义在世界、在中国,必然要得到光荣的胜利!"说完振臂高呼:"中国共产党万岁!"第一个慷慨就义,牺牲时,年仅 38 岁。

四、教学建议

本案例运用于教材第二章第二节"坚定信仰信念信心"这部分内容的讲解。教学目标就是引导大学生坚定信仰、信念和信心。李大钊同志是中国共产主义运动的先驱,伟大的马克思主义者,杰出的无产阶级革命家,中国共产党的主要创始人之一。他青年立志寻求救国救民出路,找寻真理,最终选择了马克思主义。他是共产主义坚定的信仰者,他创建中国共产党,为庶民的解放而战。他是我党最早为革命牺牲的领袖之一,他用生命捍卫了自己的信仰,为后继者树立起理想信念坚定的标杆。他的英雄事迹和精神都可以很好地鼓舞、激励当代大学生坚定马克思主义信仰,增强对中国特色社会主义的信念和对实现中华民族伟大复兴的信心。

使用案例时注意事项:案例要有效地融入教材知识点,而不能变成单纯讲故事。讲好李大钊故事,教师本身要有激情,才能达到以情感人的教学目的。

五、教学反思

李大钊的英雄故事用在本章节作为案例教学以达到引导当代大学生树立崇高理想信念,高举马克思主义真理的旗帜,胸怀共产主义远大理想,坚定中国特色社会主义的信念和实现中华民族伟大复兴的信心是非常合适,而且教学效果良好。但也存在一些问题,因为李大钊是早期中国革命中牺牲的中国共产党领导人,如果只是把李大钊一生的革命事迹和贡献作介绍,很容易让学生产生一种错觉,李大钊的贡献只停留在中国革命早期阶段。但事实并非如此。李大钊是马克思主义传播第一人,他不仅自己坚定地选择了马克思主义,还积极影响、引导和培养当时青年学生接受马克思主义,比如毛泽东。李大钊是最早为共产主义信仰献身的,他虽然英年早逝,但他的精神长存,激励着一代又一代的革命者为共产主义事业奋斗。

拟改进方向:讲深讲透李大钊对中国革命的胜利,对中国特色社会主义事业的发展,实现中华民族伟大复兴的巨大贡献和深远影响;从李大钊建党思想中看中国共产党人的初心和使命。

参考文献

[1] 杨琥.李大钊年谱:上下卷[M].昆明:云南教育出版社,2021.

［2］朱文通.李大钊传[M].天津:天津古籍出版社,2005.

［3］郭德宏,张明林.李大钊传[M].北京:红旗出版社,2016.

［4］冯景源.李大钊:中国第一个马克思主义者:在研究、传播马克思主义上的重要贡献[J].观察与思考,2021,(12):5-17.

［5］徐忠友.李大钊:共产主义运动的先驱[J].党史纵览,2021,(7):36-39.

教学案例三

华为的个人理想与社会理想

一、案例描述

一说到富豪榜,不得不提胡润百富榜、胡润全球富豪榜,在中国商业界,胡润百富榜是数十年商业史重要而有趣的一个观象仪。纵观胡润百富榜、胡润全球富豪榜,中国乃至世界的富豪都云集于此,胡润百富榜被广泛认为是追踪记录中国企业家群体变化的权威机构。而在这样一个权威机构,我们却惊人地发现——拥有全球领先的ICT(信息与通信)基础设施和作为智能终端的提供商,目前约有19.7万员工,业务遍及170多个国家和地区,服务全球30多亿人口,却从来没有出现在榜单里,更让人惊讶的是,这家公司近5年的营收数据却十分庞大,并直线上升:2016年达到5 215亿元,2017年达到6 036亿元,2018年7 212亿元,2019年8 588亿元,仅2020年上半年就达到4 540亿元。这家致力于把数字世界带入每个人、每个家庭、每个组织,构建万物互联的智能世界的公司越来越趋近于这个目标、越来越在世界具有重要影响力的公司就是华为。

二、思考讨论题

(1) 为何任正非没有上胡润百富榜?

(2) 为什么华为没有上市? 这是主动选择还是被动放弃? 不为金钱而为理想,是不是难以服众?

(3) 个人理想与社会理想是怎么样实现统一的?

三、案例解析

1. 解惑华为一直坚持不上市

为何任正非没有上胡润百富榜? 只要对华为有一点了解的人就都知道,华为是一家100%由员工持股的民营企业。华为通过工会实行员工持股计划,参与人数为121 269人,参与人仅限公司员工,没有任何政府部门、机构持有华为股权,而作为公司创始人的任正非只持有1.4%股份。

　　说到持股，就不得不说上市了。众所周知，现在很多公司最大的目的就是上市，因为一旦公司上市，员工能得到一定的分红，老板也能成为一个"成功人士"，甚至因此晋升富豪榜单。这也是在生活当中，我们常常能看到很多人因为公司上市而"一夜暴富"。中国工程院院士倪光南曾经表示过，业内对华为的估值已经达到了 13 000 亿美元，已经超过了苹果和微软，成了世界第一。而 13 000 亿美元换算成人民币的话就是 90 000 多亿元。在这样的情况下，如果华为成功上市，很快就会成为科技界难以撼动的超级巨无霸，也是全球第一的公司。那为什么华为坚持不上市呢？

　　在谈及上市问题时任正非曾经这样说过："因为我们把利益看得不重，我们是为了理想和目标而奋斗。"任正非表示华为不轻易允许资本进来，因为资本贪婪的本性会破坏我们理想的实现。如果上市，股东们看着股市那儿可赚几十亿元、几百亿元，逼我们横向发展，我们就攻不进无人区了。守住上甘岭是很难的，还有好多牺牲。我们只为理想而奋斗，不为金钱而奋斗！这就是主动选择！可能在很多人眼里，这样的口号似乎太过于伟大，存在着王婆卖瓜自卖自夸的嫌疑。口说无凭，关键是看其行。我们接下来看看华为是怎么做到个人与社会有机联系在一起的。同样，个人理想与社会理想也不是彼此孤立的，它们之间相互联系、相互影响、相互制约。

2. 个人理想以社会理想为指引

　　曾经一度国人不愿意购买和使用国产手机。原因很简单：曾经的国产手机由于整体性能表现不佳，遭受到了众多用户的吐槽。而究其深层次的原因就是手机芯片不行。众所周知，手机的核心技术就是芯片。然而在当时，国内自主研发芯片是一片盲区，因为芯片的研发需要大量的、长期的投资，而且见效十分缓慢，所以，很多公司、企业不愿意放长线来进行长期的投资，更担心血本无归。而这个行业的无人区无疑也是国家当时的无人区，也是国家未来迫切需要发展的一个高科技领域。

　　华为一路披荆斩棘，敢为人先，一直坚持自主研发处理器，在这条坎坷的科技研发路上，即便是美国高通直接向华为"抛出了橄榄枝"，让华为抛弃"自研芯片"业务，高通方面会为华为提供更加性能优秀、售价实惠的手机芯片，华为依然坚持自己的理想，并将公司的理想（个人理想）和国家、民族的奋斗目标相统一，华为自主研发芯片的过程就是将企业的发展同国家的前途、民族的命运相结合，就是将企业的发展同社会的需要和人民的利益相结合，这就是个人理想与社会理想相统一的典范。

　　追求个人理想的实践活动都是在社会中进行的，正确的个人理想不是依个人主观愿望随意确定的。华为作为一家技术公司，从 1987 年创立，历经艰难的创业期、经济泡沫期、金融风暴等最终走过了华为严寒的冬天，迎来朝气蓬勃、欣欣向荣的春天，其发展目标不是依据企业某 CEO 或董事会某些人的主观愿望随意确定的，从根本上说是社会理想规定的，这个社会理想就是研发中国人自己的手机处理器，是不断地接近、超越诸如美国高通等全球大公司、大企业，不再受制于人。因而，我们看到个人理想是以社会理想为指引，个人理想也从属于社会理想。只有这样，华为才最终实现了自身的长足发展——进军世界 500 强，领跑 5G 市场。

3. 社会理想是对个人理想的凝练和升华

社会理想不是凭空产生的,也不是由外在力量强加的,而是建立在众人的个人理想基础之上。2018年7月9日小米在港交所主板上市,在小米即将在香港上市的前一天,小米创始人、董事长兼CEO雷军发表公开信表示最近资本市场跌宕起伏,小米能够成功上市就意味着巨大的成功,上市也意味着巨大的挑战和沉甸甸的责任,上市仅仅是小米新的开始。

而就在同一天,作为华为CEO的余承东的这一条朋友圈信息让人印象深刻:"很多中国企业把上市以及上市之后的一夜暴富,作为成功与伟大的标志……企业经营,是一场没有终点的马拉松。而真正持续为国家不断贡献更大长期价值的,应才是真正国家栋梁!从不骄傲自满,但也绝不妄自菲薄!"在这个时候发这样一条朋友圈更多是对华为不上市质疑的回应,同时,这句话更凸显华为的发展不仅仅是为某个人或者单单是企业的发展,而是为国家的发展,从理想的角度来讲,那就是社会理想,华为从一个小作坊到世界500强企业,就是不断地将自己置身于、融入于整个社会、国家的发展当中,实现企业与国家的统一发展,从这个层面看,社会理想是对个人理想的凝练和升华。

四、教学建议

该案例运用于教材第二章第三节"在实现中国梦的实践中放飞青春梦想"就必须做到坚持个人理想与社会理想的有机结合是高度契合的。任正非带领华为将个人梦与中国梦、个人理想与社会理想进行了完美的结合,是生动的、鲜活的、可触摸的以及能感受到的。2020年7月习近平总书记给中国石油大学(北京)克拉玛依校区毕业生的回信中说道:"同学们生逢其时、肩负重任。希望全国广大高校毕业生志存高远、脚踏实地,不畏艰难险阻,勇担时代使命,把个人的理想追求融入党和国家事业之中,为党、为祖国、为人民多作贡献。"因而坚持个人奋斗目标与国家、民族的奋斗目标相统一,把个人理想融入社会理想之中,在为实现社会理想奋斗的过程中实现个人理想,这是大学生成长成才的必由之路。应将此案例结合习近平论坚定理想信念来讲,结合习近平《在庆祝中国共产党成立100周年大会上的讲话》来讲。

五、教学反思

通过针对华为主要创始人兼总裁任正非没有跻身胡润百富榜、胡润全球富豪榜,引发大学生对于华为一直坚持不上市的原因分析,即采用问题导入的方式,激发学生共鸣,引发学生思考,学生对这一话题很感兴趣,这里感兴趣的有两个点:一是任正非也是大学毕业;二是任正非属于自主创业。基于这两个点,学生跟着教师的思路,不断地层层分析,不断推进,在这个推进分析的过程中,运用启发式、案例式、互动式的教学方式将个人理想、社会理想这一抽象的、人类特有的精神现象融化于日常的生活、融化于时代关注的热点话题当中,真正地做到让学生入耳、入脑、入心。

但在这一过程中,首先需要打破学生认为理想是一个空洞、泛泛的词的认识,要让学生走出这一误区,就要在第一节和第二节内容的讲授上下足功夫,才有可能更好地掌握第三节对本问题的认识。其次,对于一家公司或一家企业的理想和一个人的理想进行理解可能存在一些困难,需要借助比喻的手法来架构这二者之间的桥梁,借助个人与社会之间的关系,从而更好地理解个人理想与社会理想之间的关系。

参考文献

[1] 新时代的中国青年白皮书[M].北京:人民出版社,2022.

[2] 习近平.在庆祝中国共产党成立100周年大会上的讲话[J].求是,2021(14):10-15.

[3] 习近平给中国石油大学(北京)克拉玛依校区毕业生的回信[EB/OL].(2020-07-08)[2021-07-11]http://www.xinhuanet.com/politics/2020-07/08/c_1126211499.htm.

[4] 关于华为[EB/OL].(2020-06-24)[2021-07-12]http://www.huawei.com/cn/corporate-information.

第三章 >>> 继承优良传统　弘扬中国精神

崇尚中国精神的丁龙，促使中国文化走向世界

一、案例描述

　　故事发生在美国南北战争时期，中国当时处于清朝咸丰帝时，第二次鸦片战争刚结束，洋务运动刚开始。说的是美国当时有一位将军后来成为企业家的卡本蒂埃，在一片荒原上建立一个城市——奥克兰，他自称自己是市长，退休后住在纽约。丁龙作为华工来到美国，因为背靠的祖国积贫积弱，美国当时公开搞起排华法案，无视中国人的权益。在美华工受尽凌辱，因他们脑袋后面梳着一根长长的辫子，被西方人骂为"猪仔"，被看作是最不受欢迎的人。在美国，丁龙曾受到鞭打、囚禁、虐待、失去自由与人格尊严等人类最悲惨的遭遇。一次偶然的机会，丁龙成为企业家卡本蒂埃的私人管家。卡本蒂埃是个单身汉，家里经常雇一批佣人。他脾气很坏，对佣人常常不是打就是骂，所以他家里的佣人都做不长，经常更换。有一次卡本蒂埃喝醉酒，大发雷霆，朝天鸣枪，把家里的仆人都驱散、赶跑了。第二天酒醒后，他很后悔，但是丁龙没走，和往常一样把早餐端上来了。卡本蒂埃十分惊讶，问："你怎么没有走？"丁龙说："孔子曾经说过，受人之托，忠人之事。对工作要忠诚，对他人要宽恕，做人一定要爱惜自己的名誉。再说，你虽然脾气不好，但我看你是一个好人。"丁龙每做一事都认认真真、稳稳当当、尽可能完美。有一天，将军家里发生火灾。正当卡本蒂埃狼狈不堪时，丁龙从外面跑回来奋不顾身地把火扑灭了。卡本蒂埃被丁龙的品德和行为深深地感动了。有一天，他对丁龙深情地说："在我所遇到过的无论出身贫寒还是生性高贵者中，如果真有那种绅士风度、天性善良、从不伤害别人的人的话，唯有你丁龙一人！是你改变了我，改变了我的世界观、人生观。"从此，卡本蒂埃视丁龙为师友。

　　后来，丁龙岁数大了，准备退休，向卡本蒂埃告辞，卡本蒂埃说："为了表达我对中国人优良品德的尊重，请你务必允许我为你做一件事。你有什么愿望，我一定帮你实现，只要你能说出来，我就一定能做到。"丁龙说："我一生辛辛苦苦积攒了一万多美元，我只有一个愿

望,把这笔钱捐赠给美国最好的大学,请他们建立一个汉学系,专门研究和讲授中国文化,我深信中国有几千年灿烂的文化,好让西方人了解中国文化,希望中国人从此不再被当作笑话,美国人从此不再欺负中国人,中国人可以堂堂正正做人。"卡本蒂埃感动地说:"你真有学问,2000多年前孔夫子的教导你都懂,很了不起!"可是丁龙说:"我并不识字,是我父亲告诉我应该这样做的。"将军又说:"那你父亲一定是个很有学问的读书人。"丁龙回答道:"我父亲也不识字,这是我祖父告诉我父亲这样做的。我们家祖祖辈辈都不识字,这些道理都是一代代传下来的,曾祖父告诉祖父,祖父告诉父亲,父亲再告诉我,我就知道应该这样做,子子孙孙一直这样做了。"原来他们丁家世代农耕,却一代代祖教父、父教子,都讲孔夫子的道理。将军不禁肃然起敬,很有感触:一个不识字的劳工,竟有这样的品德,可见中国文化一定有它特别值得研究之处。丁龙把辛苦赚来的1.2万美元全数交给了卡本蒂埃。卡本蒂埃把丁龙的1.2万美元加上自己的10万美元一起捐给哥伦比亚大学,给校长写了一封信,要求校长开设一个专门讲授中国文化和历史的讲坛,特别强调必须以丁龙汉学讲座教授的名义命名。校长看完信后感觉这是一件好事,他回答道:"开办讲座是好事,但不能以一个文盲的名字来命名,可以以李鸿章的名义或中华帝国的名义来命名。"卡本蒂埃坚决不答应,说必须以"丁龙汉学系讲座教授"的名义来命名。

卡本蒂埃后来又把自己一生的积蓄全部拿出来捐赠给哥伦比亚大学,反复强调丁龙是一位正直、温和、勇敢、友善、遵从儒家之道的伟大而平凡的人。卡本蒂埃为了办成此事一次又一次捐款,几乎倾家荡产。"丁龙汉学讲座"是美国第一个专门以研究中国历史文化为主要内容的讲坛。直到今天,这个讲座还存在,成了现在的美国亚太研究中心,是美国研究中国文化的重镇。

丁龙,一个不识字的普通中国劳工,以他展现中国精神气质的日常言行,赢得卡本蒂埃的尊重,卡本蒂埃从他身上感受到中国文化、中国精神的伟大,以致捐出全部家产在哥伦比亚大学设立专门研究中国文化的讲坛,并且以华工丁龙的名字来命名。事实上,在当时的美国,何止一个丁龙! 这些孤悬海外的漂泊游子,虽然失去祖国,也失去了自由——但是他们的心,从未屈服,始终在以平静而温和的节奏,为他们的心灵自由而战,为了解他们的外国人所感动,所征服。

1901年,美国第一个东亚系在哥伦比亚大学建立。《红楼梦》英文版和张学良日记都保存在这里,中国有名的大学者,诸如胡适、陶行知、冯友兰、闻一多、马寅初等都曾在这里学习过。丁龙在美国企业家家中打工,影响到在哥伦比亚大学建立研究中国文化的讲坛,一直延续一百多年。所有这一切都源自丁龙对中国文化和中国精神的尊崇和践履。

资料来源:钱逊,等. 中国文化怎样走出去——自觉践履中国精神:丁龙的故事[N/OL]. (2016-09-01)[2023-05-22]http://club.1688.com/threadview/49453120.htm.

二、思考讨论题

(1) 在丁龙身上,体现了怎样的品格? 这种品格与中国精神是什么关系?

（2）卡本蒂埃被丁龙身上什么品质感动了？我们应该向丁龙学习什么？

（3）中华民族优秀的文化传统为什么如此强大？新时代大学生应该怎样继承和弘扬中华优秀传统文化？

（4）新时代大学生应该如何继承和弘扬中国精神，如何担当民族复兴大任？

三、案例解析

（1）丁龙，一个贫苦的华工因从小受到父辈们一代一代传承下来的中华优秀传统文化和传统美德的熏陶，在受尽凌辱、欺负的美国，不经意中展现了平凡而伟大的人格，在言行举止中展现了中国精神。他勤勉、温和、自强、厚德、诚实、守信、做事兢兢业业的品德和热爱祖国、把传承与弘扬以爱国主义为核心的中国精神当作自己的神圣使命，为了弘扬中华优秀传统文化，为了实现自己热爱祖国和中华传统文化的愿望和理想，使漂泊海外的华人不再受欺负和凌辱，慷慨解囊，丝毫不吝惜自己辛苦赚来的血汗钱，把自己的所有积蓄捐赠给哥伦比亚大学。这一心愿和举动彰显了一种伟大的文化和崇高的精神，深深感动了卡本蒂埃将军，以至于卡本蒂埃倾家荡产也要实现丁龙的愿望，促使他矢志不渝、坚定不移地促成在哥伦比亚大学开设"丁龙汉学系讲座教授"讲坛。最后，丁龙的愿望终于实现——该讲坛成为世界文化史上永不凋谢的牡丹花，使得中国思想文化从此走向世界，如今这一讲坛早已成为享誉世界的美国亚太研究中心。

（2）在漫漫的历史进程中，中华民族不仅创造出光辉灿烂、享誉世界的中华文明，也塑造出独特的精神气质和精神品格，形成了崇尚精神的优秀传统。丁龙身处晚清洋务运动年代，凭借自己的忠诚老实、践履孔子的忠恕之道，感动了美国人卡本蒂埃，以至于在哥伦比亚大学开办了"丁龙汉学系讲座教授"讲坛，这彰显了中华文明、中国精神的伟力。中国人的道德品质和中华文明、中国精神的影响力还可以从西方启蒙思想家那里找到汗牛充栋的文献资料和形象生动的故事。例如，莱布尼茨认为中国具有很高的道德水平，他说："在道德戒律方面，在运用于现实生活和凡人的政治方面，他们肯定超过我们，尽管承认这一点令人脸红。"孟德斯鸠说："中国人生活在一种最完善、最实用的道德之下，在世界的各个地区，任何人都不具有这种道德。"伏尔泰则宣称："在道德上欧洲人应当成为中国人的徒弟。""在这个地球上曾有过的最幸福的并且最值得尊敬的时代，那就是人们尊崇孔子法规的时代。"伏尔泰根据中国元剧《赵氏孤儿》改编成的《中国孤儿》，描绘了征服者成吉思汗被具有高尚道德情操的被征服者所折服，最终放下了屠刀。这个结局正是孔子道德情操、中国精神的最好注释。

（3）中华文化传统具有特有的魅力，要靠我们每个人去践履实行。在增进外国人对中国文化的认识，赢得外国人对中国文化的尊重方面，丁龙的真实故事影响巨大而深远，可以说远超过一部电影、一本著作。这说明中国文化的传播在于人，在于人的言行举止。中国传统文化塑造了中国人的精神品格，培育了中华民族的民族精神，落实、体现在普通中国人身上。像丁龙那样普普通通的中国人家庭，虽不识字，在他们身上中国精神却代代相传，践行着孔子的教导和儒学优良的传统。这是中国文化传统的魅力。中国传统文化的传承不仅在于经典文献的传承发展（精英文化亦即大传统），更在于芸芸众生、寻常百姓在日常生活习焉不察、代代相传的民间文化亦即小传统的影响力，这是中国文化传统形象、丰富、生动、感人的活生生的展现。丁龙的故事充分说明了这一点。

（4）中国文化"走出去"，不是少数人、少数部门或单位的事，而是全体中国人的事。每一个中国人，包括像丁龙那样不识字的劳工，都是中国文化的载体，都承载着中国文化。在他们的一言一行中，都或多或少、或强或弱地体现着中国文化。外国人认识中国文化，最直观简捷的方法，就是通过中国人的言行去了解。所以，每一个中国人都可成为中国文化的传播者，而且实际上我们也都在向外国人做着传播中华文化的事，只是多数人没有自觉意识到而已。为此，大学生要尽可能多地了解中华文明的优长和中华优秀传统文化的精髓。如"多元一体格局""和合包容""自强不息、厚德载物""家国同构""仁以济世""以义驭利、义利并举""杀身成仁、舍生取义""万物一体、民胞物与""大同社会""立德、立功、立言，人生三不朽"等概念内涵及其背景材料；要了解孔孟老庄等历代思想家及"四书五经"、楚辞、汉赋、唐诗、宋词等经典名著，使自己不仅受熏陶，更要融入到骨髓里、渗透在血脉中、见诸于行动上，在自觉不自觉中传播中华文明、中国精神，积极与国际社会进行文化对话、交流，共同推进世界文化和文明互鉴的各种活动。

四、教学建议

本案例所对应的教材第三章第一节"中国精神是兴国强国之魂"，特别聚焦"崇尚精神是中华民族的优秀传统"这一主题。使用该案例的教学目的，一是为了引导学生感悟在积贫积弱的清朝末年，在美国当华工的丁龙身上体现了怎样的中华美德和中国精神，这样的美德和精神为什么能感动卡本蒂埃，以至促成了丁龙的宏大心愿，使中华优秀传统文化走向美国、走向西方和世界；二是当代大学生应该向丁龙学习什么样的宏远大志和大德，新时代大学生应该如何学习、继承、弘扬中国精神，为担当中华民族复兴大任作出应有的奉献；三是深刻认识和理解，丁龙虽然不识字，却能在他身上体现出中华传统文化的强大生命力，理解中华优秀传统文化怎样塑造了中国人的精神品格，培育了中华民族的民魂和中国精神，中华文化传统在丁龙那样不识字的普通中国人的家庭是怎样通过民间文化代代相传、践行着孔子的教导和儒学的传统的；四是了解中国传统文化的传承不仅在于经典文献的传承发展（精英文化亦即大传统），而且在芸芸众生、寻常百姓日常的民间小传统文化中具有无限影响力，理解为什么习近平总书记所说的"文化自信"是更基础、更广泛、更深厚的自信的道理；五是最后落脚在引导新时代大学生应该怎样继承和弘扬中华优秀传统文化，为中华民族伟大复兴作出应有的奉献。

使用该案例的时候，特别需要注意三点：

第一，要结合习近平关于传统文化"四个讲清楚"的原文加以阐发，不要泛泛而谈传统文化和文化传统。

第二，要紧扣"中国精神是兴国强国之魂""崇尚精神是中华民族的优秀传统"来分析丁龙身上所体现的中华美德和中国精神，紧密联系卡本蒂埃之所以被感动的孔子文化精神的实质和中华传统文化的基本精神究竟是什么，不必对博大精深的传统文化面面俱到展开论述。

第三,要结合中华文明和中华文化对世界的影响力进行阐发。丁龙,在任人宰割的晚清时代,却做到了一件在常人看来绝对不可能做到的事情。当我们说出不可能时,往往是在强调环境,忽视了来自心灵深处的强大力量,忽视了来自文化和文明的伟大魅力。

五、教学反思

历史阐释与哲学反思相结合,使历史真实的故事与真理、学理相结合,上升到哲理的高度。同时又把历史真实的故事与具体的道理和现实相结合,学生特别能接受、被感动,使学生了解到在100年前中华优秀传统文化也可以通过一位中国底层老百姓甚至是不识字的文盲丁龙传播出去。

用历史故事串逻辑。从教学方式方法上,通过智慧树翻转课堂和微信群布置学生思考讨论题,不仅在翻转课堂讨论,而且在小课堂辩论展示,使历史人物丁龙与师生对话交流,由故事上升到理论本质的高度,实现思想性、政治性、理论性的高度统一。

通过"教学反思",使学生深刻认识到习近平总书记关于中华传统文化"四个讲清楚"和"两个结合"的重要思想意蕴,使得大道理与小道理结合、历史与现实结合、现象与本质结合、应然与实然统一、演绎与归纳抽象统一,切实打造活力课堂,实现本课程创新性、高阶性和挑战性的线上线下混合式教学的目标,切实提高教学质量,有效实现课程目标。

参考文献

[1] 钱穆.中国史学发微[M].台北:东大图书股份有限公司,1989.

[2] 丁龙:一个出身卑微的华工创建美国第一个大学中文系[N/OL].(2017-12-25)[2023-06-19]http://cn.chinadaily.com.cn/2017-12/25/content_35376967.htm.

[3] 这名普通的华工,做了一件事,令全世界敬仰他100多年[EB/OL].(2018-09-14)[2020-02-08]http://baijiahao.baidu.com/s?id=1669447679366247827&wfr=spider&for=pc.

教学案例二

科技创新日新月异,"第一动力"展现蓬勃生机

一、案例描述

1. 日新月异,"重量级"创新成果持续涌现

"祝融"探火、"羲和"逐日、"天和"遨游星辰……2021年,我国在载人航天、月球和深空探测、应用卫星、科学和技术试验等领域取得重大突破。

未来,火星采样返回、载人登月方案论证、重型运载火箭研制等一项项宏伟计划将付诸实施,描绘出建设世界航天强国的壮丽图景。

航天事业的高速发展是我国科技创新日新月异的一个缩影。

党的十八大以来,我国科技创新取得新的历史性成就,一批"大国重器"陆续建成并投入使用,量子信息、干细胞、脑科学等诸多前沿领域取得重大原创成果。2021年,我国国家创新能力综合排名上升至世界第12位。

2022年开局,我国科技创新继续展现出强劲势头,一个多月时间里,重磅成果频出。

2. 深化改革,全面激发创新活力

科技部门发布榜单探索不同层次"科研揭榜制",支持不同技术路线并行攻关,关键性应急性重大任务安排项目"赛马",启动颠覆性技术专项,探索首席科学家负责制,重点专项设立青年科学家项目,科研经费管理改革深化推进,为科研人员松绑、减负、赋能……科技体制改革持续提档增速。

2020年,科技部等部门印发《赋予科研人员职务科技成果所有权或长期使用权试点实施方案》,明确试点单位可将职务科技成果所有权赋予成果完成人或团队,试点单位与成果完成人或团队成为共同所有权人。

2022年1月1日起,新修订的《科学技术进步法》施行。修订后的《科学技术进步法》充分体现我国科技领域改革发展经验成果,在激发科学技术人员创新活力、减轻科研人员事务性负担、解决科技型企业融资难题等方面作出一系列规定。

3. 创新引领,为高质量发展提供强力引擎

创新是引领发展的第一动力。近年来,我国科技创新成果加速应用,为经济社会发展打造出全新引擎,北斗导航卫星全球组网、5G规模化应用、人工智能技术等加快应用……形成高质量发展的"新动能"。

与此同时,以高新技术赋能传统产业,也在各地加速开展。新型技术驱动的数字化转型已成为新产业培育、新价值创造的有力手段和有效途径。

推动国家实验室体系有效运行、加快科技攻关和成果应用、实施科技支撑碳达峰碳中和行动、高水平建设国际科技创新中心和区域科技创新中心、打造一批创新策源地和增长极……2022年科技创新"施工图"已经绘就,随着一系列举措的稳步实施,我国科技创新必将释放出更大的活力,为高质量发展提供有力支撑。

资料来源:新华社2022-02-24

二、思考讨论题

为什么说创新是推动人类社会的第一动力? 请学生结合案例展开分组讨论。

三、案例解析

创新是指以现有的思维模式提出有别于常规或常人思路的见解为导向,利用现有的知识和物质,在特定的环境中,本着理想化需要或为满足社会需求而改进或创造新的事物。创新从哲学上说是一种人的创造性实践行为,这种实践为的是增加利益总量,需要对事物和发现的利用和再创造,特别是对物质世界矛盾的利用和再创造。

人类文明进步的历史就是一部创新推动发展的历史。回望人类从蒙昧进入文明以来的5000多年发展历程，我们可以清晰地看到科技创新与人类文明互动演进的历史脉络和生动场景，科学为人类认识自然提供新知识、新理论和新方法，技术和工程为人类利用自然提供新手段、新工具，科学技术渗透到社会发展的各个领域，扮演着越来越重要的角色。正是科学技术的不断突破和应用，为人类改造自然和文明进步提供着强大动力，使人类文明从农业文明进化到工业文明，正在向一个新的文明形态——知识文明演进。科学技术的深刻影响前所未有，科学技术与经济社会日益融合，科学技术改造物质世界，变革社会生产生活方式的力量越发空前强大。

16世纪以来5次重大科技革命对人类社会的改变，常常是以新科技、新发明、新产品，满足新需求，形成新产业，发展新经济，极大地丰富了社会物质财富，引发了社会、军事的广泛变革，20世纪最后10年人类所创造的财富超过了过去19个世纪的总和，并形成了与之相应的政治、经济、文化、社会形态。

当前正在发生的新一轮科技革命与产业变革，将打开生产力发展新空间，特别是人工智能与其他科技的加速融合创新，使人类社会日益逼近新跃升的临界点，社会形态全面系统加速演进，继狩猎社会、农业社会、工业社会、信息社会之后，智能社会作为更高级的一种社会形态正在加速到来。

当今世界百年未有之大变局加速演进，新一轮科技革命和产业变革突飞猛进，科技创新日益成为国际战略博弈的主要战场，对科技制高点的竞争空前激烈。各国竞相谋划布局新兴和前沿技术，把技术优势转化为产业优势，力争主导未来产业，同时把关键技术掌握在自己手里，力图把握全球科技竞争主动权。我国实施创新驱动发展战略，致力于高水平科技自立自强，走出一条科技强到产业强再到国家强的自主创新道路，是实现到21世纪中叶建成社会主义现代化强国、实现中华民族伟大复兴的必然选择。

科技创新最根本的目的还是造福于人。科学技术的发展，拓展人的认识，改变人的世界观价值观，塑造人的精神气质，提升人的创新创造能力，让人们生活得更健康、更幸福、更便捷、更安全。科学技术所蕴含的科学思想、科学精神、科学方法、科学伦理、科学规范等深刻影响着人们的价值观念、思想思维、生活态度、生活方式。科技发展到今天，一个国家、一个地区的创新水平越来越依赖于全体劳动者科学素质的普遍提高，科学技术的普及程度是决定一个国家、一个地区生产和文化的发展水平以及这个民族的创造能力的重要因素之一。国家科技创新力的根本源泉在于人，谁拥有了一流的创新人才、拥有了一流的科学家，谁就能在科技创新中占据优势。我们也要看到，人类精准基因技术、核能、智能机器人、合成生物学等新科技的广泛快速应用在给人们带来巨大福祉的同时也会带来一些负面效应，引发新的伦理问题或社会风险。在科学技术的创新和应用中，要始终坚持为了人、服务人、发展人，消除和规避科学技术发展和应用可能带来的风险挑战，建立科学技术应用的社会控制机制，促进公众对科学技术的理解与参与，实现人与自然、人与社会，以及科技、经济和社会的协调发展。

总的来看，党的十八大以来，我国科技创新取得新的历史性成就，2021年，我国国家创新能力综合排名上升至世界第 12 位。2022 年开局,我国科技创新继续展现出强劲势头。创新是引领发展的第一动力。我国科技创新成果加速应用,为经济社会发展打造出全新引擎。

四、教学建议

本案例可用于教材第三章第三节第二目"改革创新是新时代的迫切要求"的教学。可采用案例法、图示法、启发式教学法进行授课,注意加强与学生的课堂互动,引导学生认识到创新是推动人类社会发展的第一动力,创新始终是推动一个国家、一个民族向前发展的重要力量,是一个国家兴旺发达的不竭动力。

五、教学反思

创新决定未来。纵观人类发展历史,创新始终是推动一个国家、一个民族向前发展的重要力量,是一个国家兴旺发达的不竭动力。党的十八大以来,我国科技创新取得新的历史性成就,一批"大国重器"陆续建成并投入使用,量子信息、干细胞、脑科学等诸多前沿领域取得重大原创成果。此案例可凸显改革创新是新时代的迫切要求。在教学过程中,结合课堂研讨,引导学生课堂分享自身所关注的大国重器,深入思考相关社会问题,课堂气氛良好。此后授课,更加注重发挥学生主体作用,使学生更深刻地理解课堂所学内容。

参考文献

[1] 宋妍妍.激活"第一动力" 把握"关键增量" 以创新推动城市高质量发展[N].成都日报,2022-05-25(001).

[2] 本报记者.让创新成为第一动力[N].临汾日报,2022-04-20(002).

[3] 张泉,王琳琳,马晓澄.科技创新日新月异 "第一动力"展现蓬勃生机[N].新华每日电讯,2022-02-25(005).

教学案例三

挺进万米深蓝,拓展深海科考

一、案例描述

头枕热土,面向大海。从"蛟龙"号到"奋斗者"号,中国深潜勇士排除万难、开拓进取,不断向海底最深处进军。

一次次的深海科考,不仅加深人类对深海的认识,带动新工艺、新技术、新材料的改革进步,还填补人类在海洋物理、微生物、有机化学、地质学等研究领域的历史空白。

"但目前人类在海洋面前仍是一个学生,我们还有很长的求索之路要走。"张宏太说,装备海试只是深海科研的一张"入场券",人们对海洋尤其深海、深渊,认识还远远不够。深海科考事业也并不是一帆风顺的。我国在一些关键技术和设备上，仍存在"卡脖子"的风险，这不仅需要对海洋怀有敬畏之心，更需要一步一个脚印，不断投入、研究和试验。

"所有的艰难，都不会阻挡我们对大海的向往。"蔡珊雅至今记得，当她乘坐"奋斗者"号下潜时，全程几乎如同黑夜。而一旦坐底，开灯的瞬间从舷窗向外看，鱼虾等生物游来游去，感觉"山河"就在脚下，灯光照过的海水，会呈现出渐变的蓝色，美丽而梦幻。

她觉得这就像是深海研究的过程——深海狮子鱼为什么没有皮肤？海底为什么会形成波纹？深海的菌群是怎样相互组成一个生态系统？许多现象和事物在教材和学术论文里找不到，人们对这些问题最初满怀疑惑，但通过不断研究，总会"柳暗花明"。

首次参航"探索一号"的浙江大学海洋学院硕士研究生阮东瑞，经历了海试设备多次出现故障、令他几近要放弃的"至暗时刻"。在全船人员的帮助下，他终于一举获得宏生物的取样成功。立志继续攻读海洋学科博士的他说，深海科考风险高、周期长，稍有疏忽就会失败；深海研究有时候可能在大量投入后一无所获，但好运一定会眷顾对大海探索永不止步的人。"深海科考没有捷径，这个事业，需要我们一代又一代人传承下去，年轻人要准备握好接力棒。"

未来的深海图景将会变成怎样？"从推开深海一条门缝，到打开深海大门，国家经过了多年努力。我相信未来会有越来越多的深海装备出现在大洋之中，勘探开发资源、保护海洋生态，我们的海洋强国之梦一定会成为现实。"中国科学院深海科学与工程研究所工程师张健说。

资料来源：新华社 2021 - 10 - 27

习近平致信祝贺"奋斗者"号全海深载人潜水器
成功完成万米海试并胜利返航

值此"奋斗者"号全海深载人潜水器成功完成万米海试并胜利返航之际，谨向你们致以热烈的祝贺！向所有致力于深海装备研发、深渊科学研究的科研工作者致以诚挚的问候！

"奋斗者"号研制及海试的成功，标志着我国具有了进入世界海洋最深处开展科学探索和研究的能力，体现了我国在海洋高技术领域的综合实力。从"蛟龙"号、"深海勇士"号到今天的"奋斗者"号，你们以严谨科学的态度和自立自强的勇气，践行"严谨求实、团结协作、拼搏奉献、勇攀高峰"的中国载人深潜精神，为科技创新树立了典范。希望你们继续弘扬科学精神，勇攀深海科技高峰，为加快建设海洋强国、为实现中华民族伟大复兴的中国梦而努力奋斗，为人类认识、保护、开发海洋不断作出新的更大贡献！

资料来源：新华社 2020 - 11 - 28

二、思考讨论题

为什么说改革创新是新时代的迫切要求？请学生结合我国科考的现状、"奋斗者"号的实践对科考特别是我国科考的作用和意义展开分组讨论。

三、案例解析

海洋是人类未来发展的重要领域,海洋科学考察是我们研究海洋的基础。现代海洋观测主要包括三个方面:海洋动力环境、海洋生态环境和海洋地质环境。那科学家是怎样开展这些观测呢?对了,就是借助它们的力量:科学考察船、移动观测平台、浮标和潜标等搭载的各种先进海洋观测仪器。深海科考,就是通过一定的技术手段和技术装备,对深海的物理海洋、海洋生物、海洋化学、海洋地质等自然属性进行科学调查,以获得深海科学数据。"十三五"期间,我国万米深渊科考通过自主研制的技术实现了技术手段"从无到有"的发展,体现了我国科技创新能力和综合国力的不断提升。

"奋斗者"号是我国自主设计、集成的万米载人潜水器,于2016年立项,由"蛟龙号""深海勇士"号载人潜水器的研发力量为主的科研团队承担。2020年6月19日,中国万米载人潜水器正式命名为"奋斗者"号。2020年11月10日8时12分,"奋斗者"号在马里亚纳海沟成功坐底,坐底深度10 909米,刷新中国载人深潜的纪录;11月28日,"奋斗者"号全海深载人潜水器成功完成万米海试并于28日胜利返航。2021年3月16日,"奋斗者"号全海深载人潜水器在三亚正式交付;7月18日,"奋斗者"号全海深载人潜水器的研制项目成功收官,并顺利通过综合绩效评价;10月,"奋斗者"号在马里亚纳海沟正式投入常规科考应用。2021年12月5日上午,"探索一号"科考船携"奋斗者"号载人潜水器完成2021年度第二航段马里亚纳海沟常规科考应用任务后,返回三亚。航次期间,"奋斗者"号载人潜水器共下潜23次,其中6次超过万米,在马里亚纳海沟"挑战者深渊"最深区域进行了科考作业,采集了一批珍贵的深渊水体、沉积物、岩石和生物样品。据了解,已知的海洋最深处西太平洋马里亚纳海沟是板块俯冲地带,地质运动活跃、水压高、温度低、完全黑暗,被称为"地球第四极"。包括探测马里亚纳海沟在内的深渊科学研究,是当前海洋研究最新前沿领域之一,有助于科学家了解海底生物、矿藏、海山火山岩的物质组成和成因,以及深海海沟在调节气候方面的作用。来自全国7家单位的17名科技人员首次参加"奋斗者"号下潜,其中有5名女科学家。截至2021年年底,"奋斗者"号已完成21次万米下潜,已有27位科学家通过"奋斗者"号载人潜水器到达过全球海洋最深处。我国万米深潜作业次数和下潜人数居世界首位。

"奋斗者"号的成功研制,显著提升了我国载人深潜技术装备能力和自主创新水平,推动了潜水器向全海深谱系化、功能化发展,为我国探索深海科学奥秘、保护和合理利用海洋资源提供了又一利器。"奋斗者"号的成功海试,充分验证了潜水器各项功能、性能以及我国在深海装备和深海技术上的突破,标志着我国进入深海科考第一梯队,将为我国后续深渊深海科学研究提供强有力的技术支撑,推动我国科学家积极参与国际深渊科考活动,同时有利于培育相关设备产业的发展。

"奋斗者"号代表了当前深海工程技术领域的顶级水平,更在多个关键技术和重要材料领域拥有国产化核心,国产化率超过96.5%。"奋斗者"号创造了10 909米的中国载人深潜纪录,体现了我国在海洋高技术领域的综合实力。"奋斗者"号符合时代精神,充分反映了当代科技工作者接续奋斗、勇攀高峰的精神风貌,符合中国载人深潜团队"最美奋斗者"的形象。

研制以"奋斗者"号为代表的大深度载人潜水器意义重大。这可以带动我国深海能源、材料、结构、通信导航定位等高新技术和产业全面发展,不断拓展新的应用领域,同时也显示了我国在深海科技领域的科技实力和蕴藏的潜力;有助于系统谋划并持续推进海洋强国建设工作,共护海洋和平、共筑海洋秩序、共促海洋繁荣。推动蓝色经济发展,推动海洋文化交融,共同增进海洋福祉,推动构建海洋命运共同体。

海洋科技创新是建设海洋强国的根本动力,是贯穿全局、起决定作用的关键因素,加快海洋开发进程,振兴海洋经济,关键在科技。但与发达海洋国家相比,我国海洋科技的原创性和高附加值创新成果较少,核心技术与关键共性技术"卡脖子"问题还比较突出。中国创新,要从跟跑迈向领跑。这就要求我们准确把握全球海洋科技发展趋势,瞄准实现海洋技术高水平自立自强,坚持有所为有所不为,重点在深水、绿色、安全等海洋高技术领域取得突破,尤其要推进海洋经济转型过程中急需的核心技术和关键共性技术的研究开发。未来,我国潜水器需继续向全海深谱系化、功能化方向发展,根据不同的任务和目的,选用不同下潜深度的潜水器,为海底资源、地质和深海生物调查,以及科学研究、水下工程、打捞救援和深海考古等提供支持。

四、教学建议

本案例可用于教材第三章第三节第二目"改革创新是新时代的迫切要求"的教学。教学方法:讲授法、图示法、案例法、启发式教学法。注重与学生的良性互动,引导学生认识到创新能力是当今国际新优势的集中体现。

五、教学反思

在激烈的国际竞争中,唯创新者进,唯创新者强,唯创新者胜。我国万米深渊科考通过自主研制的技术实现了技术手段"从无到有"的发展,但我国海洋科技的原创性和高附加值创新成果较少,核心技术与关键共性技术"卡脖子"问题还比较突出。此案例可凸显"改革创新是新时代的迫切要求"这一中心主旨。在教学过程中,该案例以其素材的新颖性吸引了学生的注意力,以其优质的内容,增强了学生的家国情怀;以恰当的提问互动,引发学生对改革创新的深入思考。

参考文献

[1] 二所.牢记嘱托　勇挑重担　笃定前行[N].中国船舶报,2021-12-01(001).

[2] 刘峣."奋斗者"号探秘万米深蓝[N].人民日报海外版,2021-12-10(011).

[3] 唐琳."奋斗者"号坐底10 909米 创造中国载人深潜新纪录[J].科学新闻,2022,24(03):23.

教学案例四

开创改革开放新局面

一、案例描述

上海浦东,洋山深水港四期全自动码头,桥吊起落装卸繁忙,近百条国际航线昼夜运转,港口集装箱吞吐量去年再创历史新高。福建三明,打破医保管理"九龙治水",纠偏公立医院"以药养医",深化医药卫生体制改革经验全国推广。甘肃平凉,抓紧落实土地承包经营权登记制度,静宁县八里镇靳坪村农民邹颜龙拿着土地承包证,信心满满,"土地确权好,农民有依靠。"

党的十八大以来,在以习近平同志为核心的党中央坚强领导下,坚持以习近平新时代中国特色社会主义思想为指导,全面深化改革向广度和深度进军,推进更高水平对外开放,中国特色社会主义制度更加成熟更加定型,国家治理体系和治理能力现代化水平不断提高,党和国家事业焕发出新的生机活力。

不停顿,全面深化改革取得历史性伟大成就

2013年深秋,党的十八届三中全会召开。这次具有划时代意义的大会,对全面深化改革做出顶层设计和全面部署,实现了改革由局部探索、破冰突围到系统集成、全面深化的改变,开创了我国改革开放新局面。

党的十八大以来,改革全面发力、多点突破、蹄疾步稳、纵深推进,从夯基垒台、立柱架梁到全面推进、积厚成势,再到系统集成、协同高效,各领域基础性制度框架基本确立,许多领域实现历史性变革、系统性重塑、整体性重构。

统揽全局,系统性、整体性、协同性着力增强,改革广度有历史性拓展。

"手续办得特别顺利,很开心。"2022年2月15日,广西河池市政务服务中心内,不到半小时,杜荣中就办完了开公司的申请手续。不仅是广西,放眼中国,在全面深化改革的大潮中,"脸难看、门难进、腿跑断"的办证困扰逐渐消失,"一网通办、一日办结"让创新创业蔚然成风。2000多个改革方案密集出台,全面深化改革涉及经济建设、政治建设、文化建设、社会建设、生态文明建设、国防和军队建设、党的建设等所有领域。"到我们党成立一百年时,在各方面制度更加成熟更加定型上取得明显成效"的目标如期实现。

谋定未来,战略性、前瞻性、针对性不断提升,改革高度有历史性跃升。

党的十八届三中全会,将完善和发展中国特色社会主义制度、推进国家治理体系和治理能力现代化确立为全面深化改革的总目标,把对改革重要作用的认识上升到了新的历史高度,并合理布局了战略重点、优先顺序、主攻方向、工作机制、推进方式和时间表、线路图,形成了完整的战略设计。提纲挈领,纲举目张。全面实施市场准入负面清单制度,政府管理模式实现重大变革;加强产权保护和要素市场制度建设,建设高标准市场体系,社会主义

市场经济体制进一步成熟定型；推进国企改革三年行动，中国特色现代企业制度更加成熟定型；合理划分中央地方事权和支出责任，推进"营改增"改革，深入实施区域重大战略和区域协调发展战略，下好全国"一盘棋"……一项项改革利当前、谋长远，护航中国经济稳健前行、迈向高质量发展。

问题导向，敢于担当，敢于啃硬骨头，敢于涉险滩，改革深度有历史性突破。

"幸亏市里大专家常年在镇里坐诊，第一时间给我做手术，保住了这只手。"看着日渐康复的右手，湖南浏阳市北盛镇居民邓志根满是感激。推进"三医联动"，促进优质医疗资源下沉，越来越多群众看病不再难。问题是时代的声音，也是改革的原动力。全面深化改革迎难而上，解决中国现实问题。不断完善市场机制有效、微观主体有活力、宏观调控有度的经济体制，有效增强经济创新力和竞争力；持续深入推动科技体制改革，锐意改革重大科技项目立项和组织管理方式，实行"赛马"等新举措，为实现科技自立自强提供更好的创新环境；建立健全生态文明建设制度框架，推动生态环境保护发生历史性、转折性、全局性变化；领导开展新中国成立以来最为广泛、最为深刻的国防和军队改革，人民军队实现整体性革命性重塑……一项项改革冲破束缚、突破藩篱，回答时代之问，顺应群众期待，形成了改革理论和政策的一系列新的重大突破。

不动摇，推动新时代改革开放走得更稳、走得更远

"我国改革和发展实践告诉我们，唯有全面深化改革，才能更好践行新发展理念，破解发展难题、增强发展活力、厚植发展优势。"党的十八大以来，全面深化改革开放，啃下了不少硬骨头，闯过了不少急流险滩，推动经济社会发展不断呈现新气象。

改革只有进行时，没有完成时。新时代改革的系统性和复杂性，要求全党必须以更大的政治智慧推进全面深化改革，必须拿出更大的勇气、更多的举措破除深层次体制机制障碍。

浩渺行无极，扬帆但信风。在以习近平同志为核心的党中央坚强领导下，坚持以习近平新时代中国特色社会主义思想为指导，将改革开放进行到底，我们一定能在新征程上不断创造让世界刮目相看的新的更大奇迹！

资料来源：《人民日报》2022－02－24

二、思考讨论题

为什么要坚持改革开放？改革创新为什么是新时代的迫切要求？请学生结合案例展开分组讨论。

三、案例解析

改革开放是自1978年12月十一届三中全会后中国开始实施的经济改革和措施，可总结为"对内改革、对外开放"，是中国特色社会主义的主要组成部分，于中共十五大被纳入党章，其中"对外开放"是中华人民共和国的基本国策之一。

中国改革开放成就斐然,通过这个大改革、大开放,实现了三个伟大的转折:第一个伟大转折就是从高度集中的计划经济体制向充满生机和活力的社会主义市场经济体制转变;第二个伟大转折是从封闭半封闭的社会向全面开放的社会转变;第三个伟大转折是人民的生活从基本民生转向基本小康的社会转变。如果没有改革开放就不可能实现三个伟大转变,由此可见,改革开放是当代中国命运的关键抉择,是发展中国特色社会主义和实现中华民族伟大复兴的必经之路,只有改革开放,才能发展中国,才能发展社会主义,才能发展马克思主义。这两段话,高度概括了我们为什么要改革,我们应当深刻领会十一届三中全会提出的这种高度的理论概括。改革开放的实质是:解放和发展社会生产力,提高综合国力,进一步解放人民思想,建设有中国特色的社会主义。改革开放是邓小平理论的重要组成部分,也是中国社会主义建设的一项根本方针。改革,包括经济体制改革,即把高度集中的计划经济体制改革成为社会主义市场经济体制;政治体制改革,包括发展民主,加强法制,实现政企分开、精简机构,完善民主监督制度,维护安定团结。开放,主要指对外开放,在广泛意义上还包括对内开放。改革开放是中国共产党在社会主义初级阶段基本路线的基本点之一,是中国走向富强的必经之路。对中国的经济发展有着巨大影响。

习近平总书记在庆祝改革开放40周年大会上发表重要讲话,阐述改革开放40年积累的宝贵经验,强调必须倍加珍惜、长期坚持,在实践中不断丰富和发展。习近平总书记指出,40年的实践充分证明,改革开放是党和人民大踏步赶上时代的重要法宝,是坚持和发展中国特色社会主义的必由之路,是决定当代中国命运的关键一招,也是决定实现"两个一百年"奋斗目标、实现中华民族伟大复兴的关键一招。只有顺应历史潮流,积极应变,主动求变,才能与时代同行。改革开放已走过千山万水,但仍需跋山涉水,摆在全党全国各族人民面前的使命更光荣、任务更艰巨、挑战更严峻、工作更伟大。在这个千帆竞发、百舸争流的时代,我们绝不能有半点骄傲自满、故步自封,也绝不能有丝毫犹豫不决、徘徊彷徨,必须统揽伟大斗争、伟大工程、伟大事业、伟大梦想,勇立潮头、奋勇搏击。

改革开放40年积累的宝贵经验是党和人民弥足珍贵的精神财富,对新时代坚持和发展中国特色社会主义有着极为重要的指导意义,必须倍加珍惜、长期坚持,在实践中不断丰富和发展。必须坚持党对一切工作的领导,不断加强和改善党的领导;必须坚持以人民为中心,不断实现人民对美好生活的向往;必须坚持马克思主义指导地位,不断推进实践基础上的理论创新;必须坚持走中国特色社会主义道路,不断坚持和发展中国特色社会主义;必须坚持完善和发展中国特色社会主义制度,不断发挥和增强我国制度优势;必须坚持以发展为第一要务,不断增强我国综合国力;必须坚持扩大开放,不断推动共建人类命运共同体;必须坚持全面从严治党,不断提高党的创造力、凝聚力、战斗力;必须坚持辩证唯物主义和历史唯物主义世界观和方法论,正确处理改革发展稳定的关系。

四、教学建议

本案例可用于教材第三章第三节第二目"改革创新是新时代的迫切要求"的教学。可采用案例法、图示法、讲授法进行授课。引导学生认识到创新决定未来,改革关乎国运,中国社会的发展离不开改革创新。

五、教学反思

改革开放的实质是解放和发展社会生产力,提高综合国力,进一步解放人民思想,建设有中国特色的社会主义。本案例为学生总结了全面深化改革取得的历史性伟大成就,并讲清了新时代坚持改革开放的必要性。在教学过程中结合课堂讨论进行授课,引导学生认识到改革创新是新时代的迫切要求。此后授课,应继续坚持贯彻理论联系实际的原则,培养学生的优良学风,加强教学的针对性与梯度性。

参考文献

[1] 周文. 改革开放 40 年伟大成就的历史意义:中国和世界的双重视角[J]. 浙江工业大学学报(社会科学版),2019,18(03):287-292.

[2] 丁俊萍,许洪位. 改革开放 40 年成就与新时代的改革开放观[J]. 湖北社会科学,2019(02):29-38.

[3] 张德寿,熊敏. 中国改革开放 40 年成就与中国共产党的领导力[J]. 中共云南省委党校学报,2018,19(06):5-10.

教学案例五

汽车行业的"阿克琉斯之踵"

一、案例描述

芯片短缺对汽车行业的影响正逐渐暴露。

2021 年 3 月 26 日,蔚来汽车宣布,因芯片短缺,决定从 3 月 29 日起将合肥江淮汽车工厂的生产暂停 5 天。

不止蔚来,多家汽车制造商都因芯片问题被迫减产。福特、通用、本田等纷纷公布了工厂减产或停工时间,菲亚特、克莱斯勒、日产、戴姆勒、斯巴鲁等多家车企被迫停产。

两会期间,尹同跃接受《中国企业家》采访时表示,随着智能化时代的到来,各行各业对芯片的需求都在增长,而供应链没有作好准备。芯片短缺问题对奇瑞也造成了一定影响。尹同跃认为,汽车行业对芯片的需求不断升级,可能现在解决了,过两天又出现新的问题。希望供应商在芯片方面要早作准备。

为何"缺芯"?

从 2020 年四季度开始,全球汽车产业就面临缺芯的窘境。粤开证券指出,造成此次汽车行业芯片短缺的原因有四个方面:

(1) 疫情及突发事件干扰。受疫情影响,今年初大部分芯片供应商降低产能或关停工厂。随着中国疫情逐渐受到控制,乘用车市场也得到显著恢复,车企产能增加也带动了芯片需求量的提升,与供应侧出现"错配"。另外,欧洲西部恶劣的天气,也造成运输不畅、原料供应发生了问题,影响了芯片厂商备货。

(2)汽车厂商对需求反弹估计不足。车企对全年车市景气度回升的估计不足,导致需提早半年至一年作产能规划的晶圆芯片上游企业无法及时调整增加产能。

(3)消费电子等挤占产能。疫情蔓延,消费者足不出户导致了全球消费电子领域芯片需求激增,各大芯片代工商为了全力生产消费电子领域所需的芯片,进一步下调了今年汽车芯片的产能。此消彼长之后,汽车芯片的产能出现大幅下滑。

(4)汽车芯片使用的8英寸晶圆供不应求。8英寸晶圆的应用涵盖了汽车、消费电子、通信、计算、工业等各个领域。目前很多芯片代工商都已经停止了8英寸晶圆的生产销售,转为生产12英寸的晶圆。需求大,而产能小。

也有外媒表示,此次全球汽车"缺芯"暴露了数十年来汽车产业与电子业供应链之间的脱节,后者无法再屈服于其意愿了。

加速芯片国产应对危机

在国内,多家车企都在作准备应对短缺问题。也有车企开始与芯片制造商进行合作。长城汽车副总裁傅小康此前接受媒体采访时表示:"近年来,随着5G、AI、大数据等新兴产业的快速发展,汽车产业面临智能化的深度变革。芯片是智能化发展的核心部件,长城汽车对这一领域一直非常关注,可谓'众里寻他千百度'。"有数据显示,目前芯片公司大部分是欧美企业,其中欧洲公司约占37%,美国公司约占30%,日本公司约占25%。在全球20家顶级汽车半导体公司中,只有一家是中国公司。有行业观点指出,为了不受国外芯片的掣肘,国内车企很有可能考虑自己开发车用芯片,进一步降低单车成本。

中科院微电子所新能源汽车电子研发中心主任王云此前接受《财经》采访时表示,一般来说,芯片需要在试错过程中不断迭代。但是汽车芯片企业没有多少试错空间,一旦出现问题,就可能对整车性能或者安全性造成损失,需要整车召回。这必然导致主机厂倾向于选择成熟供应商和成熟产品,使后来者被挡在门外。

资料来源:《中国企业家杂志》2021-03-28

二、思考讨论题

打赢芯片之战靠什么?请学生结合案例展开分组讨论。

三、案例解析

芯片是人类智慧的结晶,芯片制造是全球顶尖的高端制造产业之一,是典型的资本密集和技术密集行业。制造的过程之复杂、技术之尖端、对制造设备的要求之苛刻,决定了芯片产业链的复杂性。半导体制造中的大部分设备,包含了数百家不同供应商提供的模块、激光、机电组件、控制芯片、光学、电源等,均需依托高度专业化的复杂供应链。每一个单一制造链条都可能汇集了成千上万的产品,凝聚着数十万人多年研发的积累。芯片技术也涉及广泛的学科,需要长时期的基础研究和应用技术创新的成果累积。举例来说,一项半导体新技术方法从发布论文,到规模化量产,至少需要 10—15 年的时间。作为全球最先进的半导体光刻技术基础的极紫外线 EUV 应用,从早期的概念演示到如今的商业化花费了将近 40 年的时间,而 EUV 生产所需要的光刻机设备的 10 万个零部件来自全球 5 000 多家供应商。芯片制造的复杂性,创造了一个由无数细分专业方向组成的全球化产业链。在半导体市场中,专业的世界级公司通过几十年有针对性的研发,在自己擅长的领域建立了牢固的市场地位。比如,荷兰 ASML 垄断着世界光刻机的生产;美国高通和英特尔、韩国三星、中国台湾的台积电等也都形成了各自的技术优势。目前,全世界最先进制程的高端芯片几乎都由台积电和三星生产。

中国内地芯片产业起步较晚,但近年来加速追赶。随着中国推进《中国制造 2025》,芯片制造一直是中国科技发展的优先事项。在国家政策扶持带动下,我国芯片技术不断提升,集成电路产业呈现快速增长的势头。我国芯片设计行业保持活跃,相关企业数量不断攀升。中国要成为制造强国,实现在全球产业链、价值链的跃升,摆脱关键技术受制于人的困境,便需打赢芯片之战。

打赢芯片之战靠什么? 需要突破核心技术的瓶颈,需要改革创新。政府报告频繁点名支持电子产业,2022 将继续扩大研发与生产布局。实现自主可控必须打赢缺"芯"攻坚战。发展新一代信息技术离不开芯片,芯片也成为各国必争之地。芯片之战,久久为功,北京、湖南、陕西等省市明确提出推进"卡脖子"技术、实现国产替代,接下来各地政府必将继续支持企业着力解决"卡脖子"和"缺芯"的问题,力求加速实现重要技术和重要产品的自主可控与国产化替代。

5G 通信建设持续推进,基带芯片大有可为。5G 建设持续推进,包括河北、山东、湖南、山西、上海在内的省份均明确提出将建设 5G 基站数万个,厦门提出要实现 5G 网络全覆盖,安徽提出新增上云企业 6 000 家,湖南提出加快 5G 网络规模化部署,山西提出基本完成高铁、高速公路沿线通信网络覆盖提质升级。5G 通信建设、应用规模的进一步扩大,必将扩大中国基带芯片、射频芯片、处理器等基础设施的市场规模。

各地圈出重点产业项目,高端显示、功率半导体、先进制程、DRAM、汽车电子受关注。湖北提出推动华星光电 t5 尽快投产;湖南提出抓好三安半导体二期和中车时代功率半导体核心元器件十大产业项目,长沙提出加快三安半导体等项目建设,确保惠科光电等项目投产达效;广东提出加快广州粤芯、深圳中芯国际 12 英寸线等重点项目建设,积极引进制造、封测、装备、材料等领域项目,实施汽车芯片应用牵引工程;安徽提出加快长鑫存储二期、中航锂电等重大项目建设,合肥加快建设长鑫二期、晶合二期,建设投产比亚迪、中创新航等一批重大项目。

芯片技术反映了一个国家整体科技水平和综合研发实力,中国的基础研究、应用研究、人才实力具备了突破芯片核心技术的基础和能力。打赢缺"芯"攻坚战,这一天不会太遥远。

四、教学建议

本案例可用于教材第三章第三节第二目"改革创新是新时代的迫切要求"的教学。结合案例引导学生认识到改革创新是赢得未来的必然要求。可采用图示法、案例法、互动式教学法进行授课，注重加强与学生的交流与互动。引导学生认识到创新是引领发展的第一动力，要让创新贯穿党和国家一切工作，让创新在全社会蔚然成风。

五、教学反思

一颗芯片的制造工艺非常复杂，一条生产线大约涉及 50 多个行业、2 000—5 000 道工序。近年来，越来越多的人关注中国自主研发的芯片进展，打赢芯片之战，要突破核心技术的瓶颈，要改革创新。此案例可凸显"改革创新是新时代的迫切要求"这一中心主旨。在教学过程中，运用该案例，并辅之以相关视频，更加注重发挥学生主体作用，使学生更深刻地理解课堂所学内容。

参考文献

[1] 盛兰,张家振.急需举国建链补链强链 汽车产业打响"芯片自由"之战[N].中国经营报,2021 - 11 - 01(C09).

[2] 李佳师.大算力芯片量产之战[N].中国电子报,2022 - 02 - 15(001).

[3] 孙奇茹.中关村崛起芯片自主创新高地[N].北京日报,2022 - 07 - 21(003).

教学案例六

"互联网＋"双创大赛成就青春梦想

一、案例描述

互联网，极富生机与活力的变革领域；大学生，极富进取精神和潜力的社会群体；"双创"，极富挑战和机遇的火红事业。三者合璧，掀起了一场创意无限、魅力无穷的青春风暴。

经过连续 7 年 7 届打造，"互联网＋"大学生创新创业大赛已成为中国高等教育领域落实立德树人、提高人才培养质量的重要举措，成为推动中国高校创新创业教育改革的重要平台，成为展示新时代中国高等教育教学改革成果的重要窗口，成为世界大学生实现创新创业梦想的一场全球盛会。

打造声势浩大的"双创"青年大军

创新创业大赛要"真刀真枪"，适应产业变革和人们的生产、生活需求，针对现实中的痛点和难点，拿出行之有效的解决方案，摸索出可行的商业模式和盈利模式。本届大赛围绕"互联网＋"，继续稳中求变、求新，让参赛团队和选手在实战中竞技。

回顾中国国际"互联网＋"大学生创新创业大赛7年来取得的成就,教育部高教司原司长吴岩评价说,大赛对促进中国创新创业功不可没。数据显示,大赛累计吸引603万个团队的2533万名大学生参加;2015—2020届毕业生中共有创业大学生超过54万,其中毕业生约44万,在校生约10万;仅前6届大赛的400多个金奖项目就带动50多万人就业。

构建融通中外的"双创"交流平台

随着网络技术向生产生活全面渗透,消费型互联网和生产型互联网在全球的大发展,人们的生产生活方式正在发生深刻变革。中国举办的面向大学生群体、基于"互联网＋"的创新创业国际大赛无疑契合了上述趋势,搭建起的融合产业、科研、商业等资源的综合竞技平台,调动和点燃了广大青年学生的创新创业激情,激发了他们创新创业的潜能,助力其实现人生价值、成就人生梦想。在此过程中,该项大赛赢得学子们的青睐,在全国乃至在全球形成了品牌和口碑。

推动顺应趋势的"双创"教育改革

中国国际"互联网＋"大学生创新创业大赛的连续举办,很好地促进了创新创业教育的发展,使其从"小众"走向"大众",进而带动了高等教育理念更新、人才培养机制创新、教学管理制度革新,造就了越来越多勇于挑战、善于创新、具备强烈创业精神的新一代青年。

星星之火,可以燎原。大赛以创新引领创业、创业带动就业,推动高校人才培养范式发生深刻变革。吴岩介绍说,目前,全国高校已普遍开设创新创业教育课程,累计开课3万余门。各高校聘请行业优秀人才担任"双创"教师,专职教师近3.5万人、兼职导师13.9万余人。大赛与创新创业教育伴生成长,为新时代大学生绽放自我、展现风采、服务国家提供了新平台,为世界创新创业教育改革提供了中国智慧、中国方案。

资料来源:《人民日报》海外版 2021－10－18

二、思考讨论题

为什么说"互联网＋"大学生创新创业大赛有助于成就青春梦想?请学生结合"大赛对大学生改革创新自觉意识的树立和改革创新能力的增强作用"进行分组讨论。

三、案例解析

中国"互联网＋"大学生创新创业大赛,由教育部与各地方政府、各高校共同主办。大赛旨在深化高等教育综合改革,引导大学生树立改革创新的自觉意识,激发大学生的创造力,增强改革创新的能力本能,培养造就"大众创业、万众创新"的主力军;推动赛事成果转化,促进"互联网＋"新业态形成、服务经济提质增效升级;以创新引领创业、创业带动就业,推动高校毕业生更高质量创业就业。"互联网＋"大赛是大学生创业实践中的一个重要的环节;"互联网＋"大赛是创业团队在创业过程中的一个重要的里程碑。

中国"互联网＋"大学生创新创业大赛的举办意义非凡。一方面,大赛引导大学生树立改革创新的自觉意识,极大地激发了大学生创新创业的热情。创新是民族进步的灵魂,是一个国家兴旺发达的不竭源泉,也是中华民族最深沉的民族禀赋,正所谓"苟日新,日日新,又日新"。青年人是社会上最富活力、最具创造性的群体,理所当然应该走在创新创造的前列,做锐意进取、开拓创新的时代先锋。"互联网＋"大赛,为众多心怀创业理想的青年大学生打开了一扇梦想之窗,给他们提供了更多实现梦想的机会和途径。在比赛的过程中,大学生进一步认识到改革创新的必要性与重要性;另一方面,大赛增强了大学生改革创新的能力,释放出了"青年＋创新创业"的无穷力量。中国高等教育本着"以赛促学、以赛促教、以赛促创"的理念,将"互联网＋"大赛作为深化改革的重要载体和平台,全力打造创新创业教育"升级版"。在大赛的带动下,各地各高校普遍开展教学和学籍管理制度改革,实施弹性学制,建立创新创业学分积累与转化等制度。除此之外,各高校积极推进"双创"平台搭建和体系建设,将"双创"理念融入到课程、教法、师资、实践等各个环节,进一步激发大学生创新创业的兴趣和活力。大赛为大学生持久创新创业提供了良好助力,"双创"浪潮不断推进,相信未来的数据会更加可观,更多青年大学生的创业梦想将会落地生根、开花结果。

"互联网＋"大赛不仅是中国影响力最大的大学生创新创业比赛,经过几年的发展和完善,现已成长为世界青年创新创业交流与展示的顶级平台,被称为高等教育界的"奥斯卡"。每一届大赛都在朝着"更全面、更国际、更中国、更教育、更创新"的目标前进,自第三届大赛首设国际赛道以来,国外参赛高校、项目和学生的数量均呈递增趋势。中外青年大学生同台竞技,交流学习,呈现出一场"百国千校"的双创盛会。在构建全球互联互通伙伴关系的时代背景下,"互联网＋"赛事的举办进一步促进了信息资源的流通,架起了国际互联互通的桥梁,也向世界递出了"中国名片"。中国的创新成果已经走进国际视野,中国的创新人才正在成为国际竞争中的佼佼者,中国的创新能力正在被世界一流水平所认可。

创新创业大赛连续举办,很好地促进了创新创业教育的发展,造就了越来越多勇于挑战、善于创新、具备强烈创业精神的新一代青年。

四、教学建议

本案例可用于教材第三章第三节第三目"做改革创新生力军"的教学。可采用图示法、讲授法、启发式教学法进行授课,注意与学生实时互动与沟通,引导学生树立改革创新的自觉意识,增强改革创新的责任感,树立敢于突破陈规的意识,树立大胆探索未知领域的信心。

五、教学反思

"互联网＋"大赛的目的之一便是以赛促学,培养创新创业生力军。大赛旨在激发学生的创造力,激励广大青年扎根中国大地了解国情民情,锤炼意志品质,开拓国际视野,在创新创业中增长智慧才干,把激昂的青春梦融入伟大的中国梦,努力成长为德才兼备的有为人才。此案例可凸显"做改革创新生力军"这一中心主旨。在教学过程中,运用该案例结合具体赛事进行授课,激发了学生听课兴趣,学生产生了强烈的情感与认知共鸣,教学效果良好。此后授课应更加注重发挥学生主体作用,培养学生分析问题和解决问题的能力。

参考文献

[1] 刘海龙."互联网＋"时代高职大学生创新创业教育模式研究与探索[J].陕西教育(高教),2022(07):70-71.

[2] 齐松."互联网＋"大学生创新创业大赛优质项目培育研究[J].创新与创业教育,2022,13(03):53-59.

[3] 邹春雷.基于"互联网＋"大赛创新创业项目建设探析:以十九大加快建设创新型国家精神为指引[J].北方经贸,2022(05):4-5.

教学案例七

让学生拥有"最硬核毕业证"

一、案例描述

2020年6月2日,一场特殊的毕业答辩在线上开始了。参与首期"一生一芯"计划的金越、王华强、王凯帆、张林隽和张紫飞,这5名平均年龄只有21.8岁的中国科学院大学(以下简称"国科大")2016级计算机科学与技术学院本科生,向答辩委员会的老师们远程展示了他们的本科毕业设计——64位RISC-V(第五代精简指令集)处理器SoC芯片。

作为"一生一芯"计划负责人,中科院计算技术研究所副所长、国科大计算机科学与技术学院教授包云岗介绍,国科大充分发挥"科教融合"优势,于2019年8月启动首期"一生一芯"计划,旨在通过让本科生设计处理器芯片并完成流片,培养具有扎实理论与实践经验的处理器芯片设计人才。

将一行行数字世界的代码,变成能在现实世界中运行的芯片,这一过程对师生们来说,都需要面对很多意想不到的挑战与挫折。"学生们需要进行很多探索性的尝试,很多时候甚至需要将设计推倒重来,这对他们的心态也是很大的考验。"包云岗说。

2019年12月19日,经过4个月高强度的开发工作后,学生们设计的芯片设计图纸正式提交。大家就如同高考交卷,终于舒了一口气,却又悬起了一颗心。因为,还要等待芯片制作、返回。2020年1月起,这种感觉又被突如其来的疫情放大了。

2020年4月23日,学生们从微信群里得知,他们亲手设计的处理器芯片返回了。但这并不是终点,还需要进行测试验证。但当时,参与计划的5名学生却因疫情阻碍不能返校,无法到现场调试与测试。幸好余子濠、蔡晔和刘彤等在京学生挺身而出,协助调试测试工作。

2020年6月,参与"一生一芯"计划的5名学生顺利通过毕业答辩,实现了带着自己设计的处理器芯片毕业的目标。这款芯片,被网友称作是他们的"最硬核毕业证"。学生们将这款处理器芯片命名为"果壳(NutShell)",与"国科"发音相同,寄托了他们对母校的深厚情感。

2020 年 9 月,"果壳"芯片的设计方案被 2020 年度 RISC - V 全球论坛接收,是全世界 29 个技术报告中唯一由本科生完成的设计。2021 年 6 月,在首届 RISC - V 中国峰会上,开源高性能 RISC - V 处理器"香山"首次亮相。此时,前述 5 位学生已是"香山"开发团队的技术骨干。可以试想,等这 5 个人到 30 岁时,早已是处理器芯片和计算机系统设计领域的老兵了。包云岗说:"我对这批年轻人的未来充满期待。"

2020 年 8 月 12 日,第二期"一生一芯"计划启动。这一次,不仅有 5 名国科大本校学生,还有 6 名来自浙江大学、南京大学、西北工业大学、哈尔滨工业大学的学生参与进来。如今,第三期"一生一芯"计划已经启动,接到报名人数已超过 600 人,覆盖 139 所国内外高校。

资料来源:《光明日报》2021 - 08 - 02

二、思考讨论题

为什么同样是大学生,案例中"一生一芯"团队的大学生成员能取得这样的成果?请学生结合"当下大学生树立改革创新的自觉意识"和"增强改革创新能力本领"两部分内容展川分组讨论。

三、案例解析

"一生一芯"计划正式启动于 2019 年 8 月,在中国科学院计算技术研究所研究员包云岗教学团队的带领下,金越、王华强、王凯帆、张林隽和张紫飞 5 名学生作为首期成员肩负重任。目前 5 名学生均被录取为计算所研究生。虽说几名学生开发的这款芯片并不能解决芯片的燃眉之急,但在他们面前的是一条没有人走过的路,他们做的,是对未知领域的探索。没有导航,他们需要自己"打怪升级"①,自己试错尝试,不断突破陈规。同样是大学生,为什么他们能有这样的成果?

一方面,这得益于成功的教学实践与教学设计。国科大启动"一生一芯"计划的同时,还开设了芯片敏捷设计课程,让大四本科生、一年级研究生学习并实践芯片敏捷设计方法、参与芯片设计,通过大学流片计划完成芯片制造,让学生带着自己设计的芯片实物毕业,实现"硅上做教学和科研"。按照国科大"一生一芯"计划的培养愿景,国科大计算机科学与技术学院(以下简称计算机学院)院长孙凝晖希望将国科大的实践经验辐射到全国,帮助更多高校形成从处理器芯片设计到流片并运行操作系统的实践课程。从课程体系设计的角度来看,"一生一芯"同时兼具专业深度与广度。在深度方面,"一生一芯"完成了处理器设计、操作系统移植、芯片设计与物理实现的集成电路纵向设计流程,集成了计算机体系结构领域多门知识具有连贯性的前序、后序课程,相比传统几门相互独立的课程,"一生一芯"能够让学生更加系统、深入地掌握知识。且纵向每个阶段的知识体系都是较为完整的,比如 NutShell 采用了多级流水线设计,包含完整缓存、总线和外设等,单从处理器体系结构设计

---

① "打怪升级"的意思是通过网络游戏中的一系列对战来获得经验升级的过程。

的本科教学来讲,已经是很完整的作品了。在广度方面,"一生一芯"是计算机体系结构与数字集成电路设计的完美结合,除了传统体系结构课程,学生还学习和掌握了集成电路设计专业的知识,如 EDA 工具使用、数字芯片前端设计与后端实现等等。从教学设计的角度来看,课程与实验设计尽显开源情怀。"一生一芯"支持学生使用开源处理器、开源 EDA 工具,作品也在 github 开源。在当下我国集成电路行业备受美国压制和断供的大环境之下,鼓励和引导学生使用开源 EDA 工具,也是一种"家国情怀"的体现。

另一方面,这与团队学生的创新能力有莫大关联。中国芯片的弱项在于制造,特别是先进工艺芯片的制造。处理器芯片被公认为芯片产业"皇冠上的明珠",设计复杂度高、难度大,设计人才严重紧缺。加快处理器芯片设计专门人才培养,是解决我国信息领域"卡脖子"问题的关键。"一生一芯"的意思,是让参与计划的每位本科生带着自己设计的处理器芯片毕业。"一生一芯"计划的愿景目标,是培养更多国家紧缺的高科技人才,将在国科大实践经验的基础上向全国辐射,帮助更多高校形成从处理器芯片设计到流片并运行操作系统的实践课程,提高我国处理器芯片设计人才培养规模,缩短人才从培养阶段到投入科研与产业一线的周期。团队中的大学生在教师的指导下,加之自身知识的学习与实践的磨砺,认识到我国芯片设计的紧迫性,最终获取成功。

习近平总书记指出,希望青年们扎根中国大地了解国情民情,在创新创业中增长智慧才干,在艰苦奋斗中锤炼意志品质,在亿万人民为实现中国梦而进行的伟大奋斗中实现人生价值,用青春书写无愧于时代、无愧于历史的华彩篇章。

四、教学建议

本案例可用于教材第三章第三节第三目"做改革创新生力军"的教学。可采用案例法、问答法、启发式教学法进行授课,注重对学生的提问,以及引发学生的思考,引导学生树立改革创新的自觉意识,在实践中直面改革创新的各种困难,锐意进取,奋力前行。

五、教学反思

"一生一芯"计划的愿景目标,是培养更多国家紧缺的高科技人才,提高我国处理器芯片设计人才培养规模,缩短人才从培养阶段到投入科研与产业一线的周期。参与"一生一芯"计划的5名学生在教师的指导下,加上自身努力拼搏,顺利通过毕业答辩,实现了带着自己设计的处理器芯片毕业的目标。这凸显了"做改革创新生力军"这一中心主旨。以此为例,结合相关视频进行授课,鼓励学生多参与讨论,对问题深入思考,激发了学生参与创新创业活动的积极性。此后授课,应根据学生身心发展特点,进一步培养学生学习兴趣,提高课堂教学效果。

参考文献

[1] 佘惠敏.一生一芯　开源未来[N].经济日报,2021-08-22(006).

[2] 罗旭."一生一芯"计划:破解芯片人才培养"卡脖子"难题[N].光明日报,2021-11-28(006).

[3] 刘延东.深入推进创新创业教育改革 培养大众创业万众创新生力军[N].中国教育报,2015-10-26(001).

教学案例八

北斗背后的"90后"

一、案例描述

得知北斗三号最后一颗全球组网卫星发射成功时,46岁的中国航天科技集团一院总体部主任设计师胡炜向中青报·中青网记者感慨:"这是创新的胜利,也是年轻的胜利,我们就是要永远保持年轻的心态、创新的冲动!"

这位航天"老兵"所在的队伍,成功研制出长三甲系列火箭,后者成为我国唯一的"北斗专列"。2000年,长三甲系列火箭发射我国第一颗北斗导航试验卫星,至今共进行了44次北斗发射,将全部北斗卫星成功护送升空,发射成功率达100%——即便放眼世界航天舞台,这样的成绩也比较罕见。

然而,在"北斗专列"的研制过程中,这支队伍面对的挑战是,既要有稳定的技术状态,又要不断改进提高火箭的适应力和可靠性,这一度被认为是"鱼与熊掌,不可兼得"的挑战。

为了"鱼与熊掌"兼得,胡炜带领当时平均年龄不足30岁的总体设计团队,仅用几年时间,就完成了以多窗口发射技术和复合制导技术为代表的多项技术攻关,攻克了低温火箭运载能力提升、低温加注后长时间停放等研制难题。

这一次发射,是许哲琪第一次独立担任测量系统指挥。"90后"也站上了指挥岗位。

测量系统指挥岗是一个协调统筹的角色,要求担任指挥的人员根据日程工作安排,与相关岗位及技术负责人沟通后发布每天的工作,调动系统人员配合,时刻关注前后端工作情况,向发射队及时汇报。

"来发射场之前非常激动,这是我第一次担任指挥岗,又是北斗全球组网的最后一次发射,意义重大。"许哲琪说。

刚到发射场,这位小姑娘还是有些紧张,每天必须加班看测试细则和操作规程,她总觉得,自己多熟悉一些细则和规程,就多一份底气。发射队的很多前辈和同事也给她打气,给了她不少帮助。

2020年6月23日9时43分,长三乙火箭点火升空。看着屏幕上的发射直播画面,测试间里的许哲琪流下泪水。

在火箭院的研制队伍中,像胡炜那样几十年如一日坚守岗位的人,像朱平平那样敢挑重担、勇攀高峰的人,像许哲琪那样刚走上工作岗位的新人,还有很多。

"北斗发射任务持续20年,完成这项庞大的工程,离不开一代代航天人的接续奋斗,离不开航天精神的传承。要问航天精神是如何传承的,就像一线的航天人一样,从前人手中接过火炬,在平凡的岗位上发光发热。"长三乙火箭发射队临时党委副书记、中国航天科技集团一院团委书记李迪克说。

相比于那些"90后"航天人,胡炜说自己早已不那么年轻了,不过他依然清晰地记得一位前辈的教诲——

当每天所做的工作,你感觉陌生、费解、不懂时,要去问别人、请教别人,这并不可怕,这说明你在进步;但当你每天干的工作都很熟悉,闭着眼睛都知道怎么干时,这时候就要警惕,因为你很可能是在原地踏步。

"所以,我们不敢懈怠,要像年轻人那样永远年轻,永远创新。"胡炜说。

资料来源:《中国青年报》2020-06-30

二、思考讨论题

北斗背后的"90后"为什么能在北斗的奋斗历程中建功立业,成为北斗的生力军? 请结合"当下大学生树立改革创新的自觉意识"和"增强改革创新的能力本领"两部分内容展开分组讨论。

三、案例解析

北斗三号卫星,即北斗卫星第三代导航系统,是中国自主研发的全球卫星导航系统,其最后一颗组网卫星于2020年6月23日发射。它由24颗中圆地球轨道、3颗地球静止轨道和3颗倾斜地球同步轨道,共30颗卫星组成,主要用于陆、海、空导航定位,提供开放服务和授权服务两种服务方式。北斗"出道"的背后,还有一个中国当之无愧的"天团"级别的队伍。他们的队伍庞大,人数竟有30万人之多。在过去26年的时间里,他们把一颗颗北斗卫星打上天。"北斗"这支以"80后""90后"为主力的团队,平均年龄才只有31岁,比国外相关团队年轻了十几岁。

整整奋斗了26年,今天,当我们骄傲地指向天际,大声说"这就是我们中国人的北斗星辰"时;当我们享受着北斗导航系统,为我们打网约车、点外卖、开车导航、借还共享单车提供众多便利时;当我们在享受和平,享受着北斗为我们的国防带来的安全时,我们必须向他们表达由衷的感谢。那么为何北斗背后的"90后"能在北斗的奋斗历程中建功立业,成为北斗的生力军?

我们从团队成员个人角度来看,成功的背后是特别能吃苦、特别能战斗、特别能攻关、特别能奉献的载人航天精神。不难发现,他们身上都有以下特质:一是热爱祖国、为国争光的坚定信念。自觉把个人理想与祖国命运、个人选择与党的需要、个人利益与人民利益紧密联系在一起,始终以发展航天事业为崇高使命,以报效祖国为神圣职责,呕心沥血,奋力拼搏。二是勇于登攀、敢于超越的进取意识。知难而进,锲而不舍,勤于探索,勇于创新,相信科学、依靠科学,攻克尖端课题,抢占科技制高点。三是科学求实、严肃认真的工作作风。尊重规律,精心组织,精心指挥,精心实施,在任务面前斗志昂扬、连续作战,在困难面前坚韧不拔、百折不挠,在成绩面前永不自满、永不懈怠。四是同舟共济、团结协作的大局观念。自觉服从大局、保证大局,同舟共济、群策群力,有困难共同克服,有难题共同解决,有风险共同承担。五是淡泊名利、默默奉献的崇高品质。一心为事业,舍弃生活方式的多彩而选择单调,舍弃功成名就的机会而选择平凡,不计个人得失,不求名利地位,以苦为乐,无怨无悔。

大力弘扬载人航天精神,对于积极推进中国特色军事变革、实现强军目标,对于全面建成小康社会、实现中华民族伟大复兴的强国梦,具有十分重要的意义。同时,载人航天精神也是滋养当代大学生精神世界的重要源泉。特别是北斗成员在艰苦奋斗中所彰显的知难而进、锲而不舍,勤于探索、勇于创新的精神,激励大学生自觉树立改革创新的自觉意识,在实干中增强改革创新的能力本领。

四、教学建议

本案例可用于教材第三章第三节第三目"做改革创新生力军"的教学,可采用讲授法、案例法、启发式教学法进行授课。可课前布置任务,让学生课中分析北斗团队成员故事,发挥学生主体性,引导学生向"北斗专列"总体设计团队学习,进而增强改革创新的能力本领,珍惜人生中最具创新创造活力的宝贵时期,敢为人先、开拓进取,做改革创新的生力军。

五、教学反思

北斗三号全球组网卫星的成功发射标志着北斗全球卫星导航系统的星座部署已经圆满完成,也标志着北斗系统实现了"三步走"发展战略,这是我国从航天大国迈向航天强国的坚实一步,是创新的胜利,也是年轻的胜利。该案例可凸显"做改革创新生力军"这一中心主旨。在教学过程中,结合相关视频进行授课,并以"分享故事"为主要形式推进该知识点的教学进程,让学生产生强烈的情感与认知共鸣,教学效果良好。

参考文献

[1].北斗系统研制建设有了"工业母机":北斗三号系统级试验床亮相背后的故事[J].机床与液压,2021,49(18):144.

[2]邱晨辉."北斗"背后的90后航天人[J].时代邮刊,2020(18):22-24.

[3]邱晨辉.北斗背后的90后"北斗专列"总体设计团队[J].科学大观园,2020(14):30-31.

>>> 明确价值要求　践行价值准则

令人难忘的北京冬奥会、冬残奥会

一、案例描述

　　折柳寄情,别情依依。闭幕式上中国式浪漫道别,再次惊艳世界。"柳枝代表惜别",美国全国广播公司(NBC)发文阐释柳枝在中国文化中的寓意。"柳"音似"留",在中国古代,送行者会赠远行者一条柳枝,表达挽留。

　　赛场内外尽刮"中国风",从台前到幕后,从比赛到颁奖,无处不在的中国元素,展现了生动鲜活的中国形象。"'冰墩墩'集中华文化精华和特色于一身,一定会成为2022年北京冬奥会的亲善大使。"吉祥物第一次亮相时,国际奥委会主席巴赫这样预言。果然吉祥物"冰墩墩"成为全球"顶流",火爆的背后是人们对中国文化的热爱。

资料来源:摘自《世界凝神感受中国文化》,新华社 2022-02-26

　　在冬残奥村,一切以人为本。残奥运动员中有不少是有肢体障碍和视觉障碍的。在延庆冬残奥村,从"细节入手"体现在方方面面,不仅服务格外细心,食住行中的各种无障碍设施也贴心细致地照顾到了大家的特殊需求。

资料来源:摘自《焦点访谈》2022-02-27 拼搏! 冬残奥"雪容融"接棒　转换以人为

本,央视网 2022-02-27

　　2022年1月25日,中国农历小年。习近平主席在北京会见了国际奥委会主席巴赫。"早在申办时,我就提出,中国这次办奥的最大目的,就是带动3亿人参与冰雪运动。经过不懈努力,这一愿景已经成功实现。"

　　"3亿人参与冰雪运动"可谓是"共享办奥"理念的直观体现。目前,河北崇礼每五人便有一人从事冰雪相关工作,实现了"超3万人参与冰雪、旅游产业"。

河北省张家口市要"通过筹办北京冬奥会带动各方面建设,努力交出冬奥会筹办和本地发展两份优异答卷"。

资料来源:摘自《从总书记四大理念看冬奥》,央视网 2022 - 02 - 04

北京 2022 年冬奥会于 2 月 20 日落下帷幕。国际奥委会主席巴赫在闭幕式上致辞表示,这是一届真正无与伦比的冬奥会。巴赫指出,奥林匹克精神之所以如此闪耀,得益于中国人民搭建了出色且安全的奥运舞台。他表示,本届冬奥会奥运村独具匠心,场馆令人叹为观止,组织工作非凡卓越。志愿者们的友好善意,会永驻他心中。

资料来源:摘自《国际奥委会主席巴赫:这是一届真正无与伦比的冬奥会》,中国新闻网 2022 - 02 - 20

二、思考讨论题

结合以上案例,谈谈本次北京冬奥会、冬残奥会的成功举办,体现了中国什么样的核心价值观,展现了社会主义核心价值观的什么特征?对于我们培育和弘扬社会主义核心价值观有什么重要意义?

三、案例解析

此次北京冬奥会、冬残奥会的成功,不仅体现在顺利举办了举世瞩目的奥运盛事,还展现了中国源远流长的优秀传统文化,更为重要的是,贯彻了以人为中心理念,契合人类命运共同体建设的实质。同时进一步说明,在疫情肆虐的当下,北京冬奥会、冬残奥会能够成为一次"无与伦比"的体育盛世,充分体现了社会主义制度的优越性,展现了我国社会主义核心价值观的重大理念。

社会主义核心价值观具有超越以往一切社会核心价值观的先进性,它集中体现了社会主义的本质属性,扎根于中华优秀传统文化土壤,吸收借鉴了一切人类优秀文化的先进价值,反映了人类社会发展进步的价值理念。折柳寄情,"冰墩墩"等中国元素展示了中国人与人为善的价值理念,同时这些中国元素还激活了中国优秀传统文化的生命力,让更多的国际友人认识中国、了解中国、理解中国,感受中国文化的博大精深,体现和平、发展、公平、正义、民主、自由的价值追求。

社会主义核心价值观坚持人民历史主体地位,代表最广大人民的根本利益,反映最广大人民的价值诉求,引导最广大人民为实现美好社会理想而奋斗。"以人为本"是北京冬奥会的核心,世界顶级的场馆和高质量的基础设施,在赛后也将持续成为中国乃至世界人民共同享有的财富,服务于人民大众。冬残奥会的人性化设计,从残疾人运动员的实际需求出发,所有服务都以方便残疾人运动员参赛为落脚点,处处体现出以运动员为中心的理念和对残疾人群体的人文关怀。严守疫情清零政策,严控各种风险,最大限度保障人们的健康利益和生命价值,充分体现人类命运共同体以人为本的实质。

社会主义核心价值观不仅真正地与社会主义制度相契合,与保障人民的根本利益相一致,而且因其真实可信而具有强大的道义力量。北京冬奥会如期成功举办,中国再一次体现出制度优势和非凡能力,向世界推出一场简约、安全、绿色、共享、开放、团结的精彩盛会,更好地诠释了人类命运共同体的建设理念。中国全力克服新冠疫情影响,将北京冬奥会、冬残奥会打造成精彩纷呈的国际体育盛会,完成"带动3亿人参与冰雪运动"这一目标,不仅兑现了对国际社会的庄严承诺,也为全球体育事业发展、促进各国文明交流和增进全世界人民友谊作出巨大贡献。

四、教学建议

本案例适用于教材第四章第二节"社会主义核心价值观的显著特征"教学辅助,其中蕴含三个特征,即先进性、人民性和真实性。这一知识点要求我们做到以下理解。

首先,社会主义核心价值观的产生有其特定的历史底色和精神脉络,而源远流长的中华优秀传统文化,是中华民族发展壮大的独特优势,也是社会主义核心价值观历史底蕴的集中体现。同时,培育和践行社会主义核心价值观,还要把传统文化进行创造性转化和创新性发展,既立足于本国又面向世界,让世界更加了解中国。

其次,社会主义核心价值观彰显人民至上的价值立场。在整个冬奥会的筹措过程中,处处体现为广大运动员服务,坚持以人为本,以运动为本的价值追求,为各个国家运动员带来令人难忘的体验。

最后,社会主义核心价值观因为真实可信具有强大的道义力量。北京冬奥会能够成功举办的深层次原因,离不开社会主义制度的保障和国家国力的支持,使得各个国家的运动员能安心享受比赛,创造佳绩成为可能。

冬奥会、冬残奥会是全人类的体育盛会,也是展示东道主国家形象的最好时机。冬奥会和冬残奥会的成功举办,充分彰显了中国社会的凝聚力和国家实力,彰显了社会主义核心价值观的先进性、人民性、真实性,及其具有的强大道义力量,同时也彰显了社会主义核心价值观的优越性。

本案例同时也适用文化软实力和中国精神的教学,具体使用,教师可以自己灵活把握。

五、教学反思

本案例选用时间上比较新,同时选用的内容是学生高度关注的社会热点,容易引起学生的共鸣,抓住学生的注意力。因为本次北京冬奥会、冬残奥会的举办十分成功,北京也是历史上第一座"双奥之城",通过回顾冬奥会的各个环节,很容易唤起学生的民族自豪感。在讲授过程中,带领学生进一步思考,透过现象看本质,从冬奥会和冬残奥会的成功举办,看中国背后的成功原因,离不开社会主义核心价值观的凝心聚力。既有理论又有实际,二者紧密结合,使学生能够真正理解和掌握知识要点。最后结合前一节所学,升华主旨,使学生树立道路自信、理论自信、制度自信和文化自信,坚定价值观自信,自觉以社会主义核心价值观为引领,不断增强社会凝聚力和价值共识。

参考文献

[1] 夏莉萍.人类命运共同体视域下的体育外交与冬奥会[J].当代世界,2022(2):15-20.

[2] 樊泳湄.从北京冬奥会看中华传统文化的世界意义[J].社会主义论坛,2022(3):30-32.

[3] 李海涛,钟新,王鹏.大型赛事对中国国际传播的影响和意义:以北京冬奥会为例[J].社会科学家,2022(4):135-141.

教学案例二

学霸寝室 4 年获 20 万奖学金，毕业后全部直博！

一、案例描述

26 项学科竞赛奖、累计奖学金将近 20 万、毕业后一起直博本校……近日,中南大学的一个学霸寝室引发网友关注。原来,优秀是可以"传染"的!

这 4 个男孩分别是中南大学自动化学院 2018 级 417 学霸寝室的刘泽一、隋庆开、庄佳锐、李俊贤。他们从大一开始相约留校,如今实现全员直博。

大学 4 年,他们白天各自学习,晚上回到寝室共同讨论课题。4 年间,他们一共获得 26 项学科竞赛奖,其中国际级竞赛奖 2 项、国家级 3 项、省级 5 项,所获奖学金累计将近 20 万。

学习上,他们相互督促、共克难题。隋庆开说:"平时我们会一起上下课,有时也会一起去图书馆,面对面学习。每隔一段时间,我们寝室都会集体去知新馆讨论,来厘清一段时间内学习上的问题。"大家聚力集智,共同成长。

据介绍,这 4 位同学在本科期间每天都保持早睡早起的好习惯。为了督促自己不睡懒觉,他们特意都把选修课放在早上。这样即便早上第一节课没有专业课,也要去上选修课,就没有睡懒觉的机会了。

这 4 个男孩在 4 年的朝夕相处中逐步熟悉彼此,发现彼此的优点,也给予彼此支持。他们时常在寝室里谈心,每次遇到什么糟糕的事情,拿到寝室里说一说,就感觉不是那么糟糕了。无论哪一位寝室成员情绪低落,都能够在交流中说出自己的不快,得到寝室成员的宽慰和鼓励。

据了解,李俊贤和庄佳锐大三通过了中南大学"本-博计划"考核。另外两名同学,是在大三下学期被保研的时候申报了该项计划。没想到 4 人真的达成了大一时的约定,一起完成了留校读博的愿望。

资料来源:人民网 2022-03-10

断电断网,她就尽快自学当天的内容补上作业;网课信号不好,她就在自家蔬菜大棚旁"蹭"邻居家的信号上网课;居家模拟考试,她的爸爸骑摩托车"飞奔"到镇上打印出试卷,再第一时间送回家……近日,辽宁高三考生张诗涵,以 678 分的总成绩,回报 3 年的努力求学。

　　高三复习后期,沈阳市二模在线上举行,当同学们都紧张地等着电子版试题发放时,张诗涵和她的爸爸要先完成一项"接力赛"。试题发放后,张诗涵将试题传给爸爸。她爸爸再打印出试卷,骑着摩托车"飞奔"回家,尽量保证她能够有和其他孩子一样的答题时间,6 科考试,科科如此。

　　她的阳光向上打动老师和同学。见过张诗涵便能感受到她身上的阳光和纯粹,即使是穿着棉衣,在蔬菜大棚旁"蹭"信号上网课,张诗涵依旧活跃地参与课堂互动,积极提问、大胆质疑。即使因为家里断网而停课,她依旧会用手机查好当天的作业,自学当天内容,保质保量地提交作业。

　　不服输、不言弃。张诗涵,加油!

资料来源:人民网 2022 - 06 - 30

二、思考讨论题

　　学霸寝室成员和蔬菜大棚旁"蹭"网课的女孩张诗涵,他们是如何取得成功的?

三、案例解析

　　习近平总书记指出:"一种价值观要真正发挥作用,必须融入社会生活,让人们在实践中感知它、领悟它。"这就要求在培育和弘扬的过程中,下好落细、落小、落实的功夫。对于大学生而言,就是要切实做到勤学、修德、明辨、笃实,使社会主义核心价值观成为一言一行的基本遵循。

　　大学生的重要任务之一就是学习。下得苦功夫,求得真学问。知识是树立社会主义核心价值观的重要基础,大学生正处于学习的黄金时期,要把学习作为一种精神追求、一种生活方式。中南大学自动化学院 2018 级 417 学霸寝室的刘泽一、隋庆开、庄佳锐、李俊贤 4 名同学,在本科期间每天都保持早睡早起的好习惯,正是以韦编三绝、悬梁刺股的毅力,以凿壁借光、囊萤映雪的劲头,在学业上取得了优异的成绩。同时,他们 4 人还经常交流、彼此支持,不但读了有字之书,还读了无字之书。他们相互帮助、相互督促,砥砺道德品质,练就过硬本领,共同努力进步。蔬菜大棚旁"蹭"网课的女孩张诗涵,遇到困难不服输、不言弃,以积极进取的人生态度,乐观向上的精神,寻找方法,克服困难,最终交出了满意的高考答卷。

　　大学生要努力掌握马克思主义理论,形成正确的世界观和科学的方法论,深化对社会主义核心价值观的认知认同。同时,大学生还要注重把所学知识内化于心,形成自己的见解,既有专攻,又要博览,努力掌握为祖国、为人民服务的真才实学,让勤于学习、敏于求知成为青春远航的动力。

四、教学建议

　　这两个案例对应于教材第四章第三节"积极践行社会主义核心价值观"。本节内容主要从实践层面,以"扣好人生的扣子"入手,探讨大学生的核心价值观养成问题,把社会主义核心价值观落细、落小、落实，要求大学生做到勤学、修德、明辨、笃实。

两个案例生动呈现了学霸寝室4名同学勤奋学习、相互帮助、共同进步的真实事件；形象刻画了张诗涵"蹭"网课，遇到困难不言弃的乐观精神。使用这两个案例可以激发学生的学习热情，鼓励在校大学生从大一开始就树立远大目标，坚持刻苦努力，同学之间要相互扶持，遇到问题积极面对，寻找方法，团结协作攻克难关，用实际行动积极践行社会主义核心价值观。

使用这两个案例要注意与本校学生的实际情况相结合。实际学习生活中，不是每个寝室都能做到4名成员都直博，也不是每个遇到困难的学生都能顺利找到方法、攻克难关，取得高考的高分，但是要教育学生案例中的学霸寝室和"蹭"网课女孩张诗涵是我们每个寝室、每个同学学习的楷模和努力的方向，即使不能获得案例中的学生那样的学习成果，也要尽自己最大的努力，养成优良的学习习惯，顺利完成大学的学业，获得为人民服务的真才实学。

五、教学反思

案例实施效果显著，学生学习和讨论分析该案例后，进一步增强了大学学习的信心，也进一步坚定了不怕困难、勤学苦练的信念。部分班级开展了以寝室为单位的学习先锋活动，学习氛围明显提升，学习型寝室的数量明显增加。同时，学生在学习的过程中，更加注重寝室成员和班级成员之间的相互交流与合作进步，整个班级及兄弟班级之间的凝聚力也有所增强。

存在的问题主要体现在践行社会主义核心价值观的主动性与持续性，部分学生存在三分钟热度问题。这需要思政课教学与学生党团活动等大思政的进一步配合，在课中课后形成把社会主义核心价值观落细、落小、落实的可持续性发展机制。

参考文献

［1］刘伟.坚持以社会主义核心价值观涵育时代新人［J］.教育与研究.2022(5):5.

［2］姜治莹.培育造就堪当时代重任的接班人［J］.红旗文稿.2022(9):9.

［3］林丹,丁义浩.马克思主义引领社会主义核心价值观的逻辑维度［J］.思想教育研究.2022(1):132.

［4］高国希.关于社会主义核心价值观逻辑结构的思考［J］.复旦学报(社会科学版),2021(6):1.

［5］陈庆国,张莹.新时代大学生社会主义核心价值观认知逻辑探究［J］.东北师大学报(哲学社会科学版),2021(6):186.

第五章 >>> 遵守道德规范 锤炼道德品格

教学案例一

自己穿不上防护服的"抗疫英雄"

一、案例描述

2020 年武汉疫情暴发,在党中央、国务院的领导和指挥下,医护人员、人民解放军、武警部队快速集结到位奔赴疫区;民间志愿者和医疗卫生企业等各行各业志愿人员日夜兼程,带着物资奔赴抗疫一线。万众一心、众志成城,开展了一场气壮山河的抗疫保卫战。在这场保卫战中,有一位自己穿不上防护服却步履蹒跚,坚持为患者多赢一秒的"抗疫英雄"——张定宇。

张定宇作为武汉市金银潭医院院长,始终冲在最前线,无论是重症病人会诊现场、深夜转诊病人现场,还是在腾退救治病区现场,他的身影从未离开,成为抗疫一线的一面旗帜。在他的带领下,金银潭医院 600 多名职工在抗击疫情的最前沿整整奋战了两个多月。没有一个人迟疑、退缩,也从未有人主动要"下火线"。即便因高强度持续战斗病倒了,躺在床上输液,张定宇仍紧盯病人救治,听汇报、看报告,了解确诊病例、重症人数、救治进展……金银潭医院的医生护士们都知道,院长的脾气越来越急躁,腿脚也变得不太利索。感染科主任文丹宁回忆,张定宇走路时脚步上下不平,上下楼梯总是抓紧扶手,行动困难。她问过多次,他只说"膝关节动过手术"。

等到这次疫情,张定宇不得已才坦白了病情,他患上了"渐冻症",腿部肌肉正在逐渐萎缩、坏死。随着病情的不断恶化,张定宇的知觉也在一点点掉落,他的身体开始不受大脑控制,在走楼梯的时候,他总是格外小心,因为只要一分心,他的身体就会不受控制地从楼梯上滚下去。但即使身体状况不容乐观,张定宇依然坚守在治病救人的第一线。那时候的张定宇行动已经非常困难,防护服都要别人帮忙才能穿上。在一群身着防护服的医护人员里,一跛一跛的张定宇分外扎眼,不用仔细辨别,同事们总是能在几十个相似的背影中迅速找到张定宇。

这个看起来普普通通的男人就是张定宇，正是这名普通的男人在疫情来临之时舍弃小家，在病毒面前勇敢地为人民筑起了一道坚实的防护墙，也正是有了这样千千万万的白衣天使，中国的疫情才得以这么快速地走向稳定，他们当之无愧那一声——"白衣天使"。

资料来源：摘自《2020 年度感动中国人物》事迹材料介绍

二、思考讨论题

（1）通过这个案例，张定宇院长身上最让你感动的是什么？

（2）你为什么会感动？你从这个案例中学到了什么？

三、案例解析

这个案例主要是运用在"坚持为人民服务为核心"是社会主义道德的本质要求这个部分的阐述。社会主义道德建设的核心是为人民服务。

社会主义道德建设以为人民服务为核心，是社会主义道德的本质要求。不同类型的道德，其核心也就不同。说到底，道德建设的核心就是为谁服务的问题。张定宇以一己之力不断推动为更广大的人民群众服务，既是个人高尚情操的体现，更是国家利益至上的道德情怀。早在 1997 年 11 月，张定宇曾响应国家号召，随中国医疗队出征，援助阿尔及利亚；2008 年 5 月 15 日，四川汶川地震第三天，他带着湖北省第三医疗队出现在重灾区什邡市，全力抢救伤员；2011 年除夕，作为湖北第一位"无国界医生"，出现在巴基斯坦西北的蒂默加拉医院。"张铁人"，这是 2019 年底武汉疫情暴发后，同事们送给他的新称号。在他的行医经历中，"国家召唤，使命必达"，"我们当医生的苦点没什么，看着患者遭受的痛苦，疫情还没有被攻克，根本顾不上身体上的疲惫。"张定宇在接受记者采访时自然流露出的对病人的焦虑和不安。他想的不是自己，而是充分展现自己在职业岗位的尽职尽责和全心全意为人民服务的职业道德。

武汉市金银潭医院在疫情刚开始完全不确定风险的时候，总共腾退了 43 个病区，是病人最早、最重、最多的医院。面对新的病毒，没有疫苗，也没有特效药，在大量诊治实践的根底上，金银潭医护人员率先将抗艾药物克力芝用于治疗新冠重症患者，为治疗赢得珍贵时间。当发现康复患者体内抗体可抗病毒时，张定宇发出呼吁，恳请康复后的患者积极来到金银潭医院："伸出你的胳膊，捐献你珍贵的血浆，共同救治还在与病魔作斗争的病人。"这一呼吁，是医护人员治病救人的呼吁；是反映社会道德良知的呼吁；是体现群众心愿的呼吁；也是社会主义道德维护广大人民群众根本利益服务的伦理意识的见证，其根本就是以为人民服务为核心。孔子曰："知者不惑，仁者不忧，勇者不惧。"张定宇正是如此。

社会主义道德建设以为人民服务为核心，是社会主义的经济基础、政治制度和思想文化的客观要求。社会主义的思想文化都是来自于人民、服务于人民，因此，客观要求社会主义道德建设必须以为人民服务为核心，而不能以为别的什么为核心。在疫情防控中，"始终坚持人民至上、生命至上"——习近平总书记指挥打好统筹疫情防控和经济社会发展之战时述评，中国政府和各级党组织正确部署，不断完善防控措施，加大对病毒变异的研究和防范力度，做好群众基本生活保障和生活物资供应，保障好群众看病就医需求。

一方有难，八方支援。当新型冠状病毒疫情蔓延全国的危急时刻，全国各种力量团结起来支援疫情防控一线，既有疫情千钧一发的城市也有防控力量薄弱的县域；从五湖四海快递的医用物资到从全国各地汇聚湖北的医务人员；从争分夺秒制定疫情防控方案的决策者到想方设法援助疫情的各界民间社会力量，都在抗击疫情中发挥了重要作用。而这些力量都凝聚着和张定宇同样的精神力量；不顾自身安危，舍己为人，他们是人群中的逆行者。习近平总书记曾说："战胜这次疫情，给我们力量和信心的是中国人民。中国 14 亿人民同舟共济，众志成城，坚定信心，同疫情进行顽强斗争。人民才是真正的英雄。只要紧紧依靠人民，我们就一定能够战胜一切艰难险阻，实现中华民族伟大复兴。"政府与人民拧成一股绳，共同抗战疫情。这是广泛的抗疫，是整个社会的抗疫，也是人民的抗疫。

自己穿不上防护服的"抗疫英雄"张定宇，他长期从事医疗一线工作，面对此次新冠疫情，在身患重疾的情况下冲锋在前，身先士卒，他知道自己患上了绝症，却要为患者、为社会燃起希望之光；他阻挡不了自己的病情，却用尽全力把危重患者拉回来。他的双腿已经开始萎缩，但他站立的地方，是最坚实的阵地。他是一个战斗者，一个指挥者，也是一颗定心丸，更是千千万万个把为人民服务视为自己初心的奋斗者的真实写照。

四、教学建议

这个案例主要是运用在教材第五章第一节中"坚持为人民服务为核心"是社会主义道德的本质要求这个部分的阐述。应注意的问题：2022 年，是进入全面建设社会主义现代化国家、向第二个百年奋斗目标进军新征程的重要一年，学生们既是时代的受益者，更是时代的创造者，为人民服务既是传统的又是时尚的，既是平凡的又是伟大的。我们每个人都从身边的小事做起去服务他人，"予人玫瑰手有余香"，社会是因为共同的价值理念共识变得更加美好，为人民服务就是我们在这个社会上感动的泪、崇敬的情和互助的爱。

五、教学反思

"生命至上！要克服一切困难，尽可能把患者接纳安置下来。"抱着这样的信念，张定宇带领医院全员，全力以赴，清空了一个又一个楼层，彻底消杀，紧急采购大量医疗和防护物资……诸如此类的话语，都刻骨铭心地留在了 2020 年的抗疫之战中，武汉实现了全部清零。此案例是家喻户晓的抗疫英雄故事，张定宇院长身上有着疾病和责任双重重压，但在疫情面前依然坚定向前，在课上和学生们分享他的故事，很少有不为之动容的。

"为人民服务"就像一根红线，贯穿于党的百年历史，激励着一代代共产党人以"向上"的人生态度和"向善"的价值追求，用这样的案例激励学生们在心中树立起一个个触手可及的精神坐标，朝着新时代人民对美好生活的向往，在"无限的为人民服务"中实现平凡的伟大。

用解说视频的方式，给学生们思考的时间，带动他们感悟为人民服务的平凡和伟大；进一步使用"讲述—暂停—配对"的教学方式,给学生们更多交流的机会,在课上同桌之间可以分享类似的案例,还可以讲讲为什么分享。

参考资料

[1] 黄璐,王甜甜,欧阳纯朴,童莹莹.英雄奖杯,从黄旭华手中递给张定宇[N].湖北日报,2021 - 05 - 16(004).

[2] 唐晓安,李墨,吴纯新,毛旭.张定宇:用渐冻的生命托起希望[N].健康报,2020 - 02 - 04(001).

[3] 侯文坤."人民英雄"张定宇:追赶时间的人[N].新华每日电讯,2020 - 09 - 11(002).

[4] 杨彦帆.向险而行　勇挑重担[N].人民日报,2021 - 09 - 11(005).

[5] 龚雪,田贵华.汲取力量,愿为祖国挺身而出[N].湖北日报,2020 - 09 - 29(002).

[6] 唐晓安,李墨,吴纯新.用渐冻的生命,托起信心与希望[N].湖北日报,2020 - 01 - 29(001).

[7] 刘志勇.张定宇:目光和脚步从未离开过一线[N].健康报,2022 - 10 - 13(001).

教学案例二

传承中华传统美德之"仁爱"原则

一、案例描述

本案例的主人公是"全国道德模范"周长芝,她为完成母亲遗愿,辞去令人羡慕的中学校长职务,倾其所有开办三家民办敬老院。先后接待收住各类老人1000多次,为16位抗战老兵、26位孤寡老人提供免费入住,为156位困难老人和残疾人累计减免费用100多万元,资助290名贫困学子和28个贫困家庭。周长芝家庭被评为"全国最美家庭"。

周长芝用自己的行动向我们证明了中华传统美德"仁爱"原则在当代传承的意义和价值。

二、思考讨论题

(1) 为什么要传承传统的"仁爱"原则?

(2) 如何正确理解"仁爱"原则的科学内涵?

三、案例解析

1. 为什么要传承"仁爱"原则

法国总统马克龙向习近平主席赠送了1688年出版的首部《〈论语〉导读》法文版原著。马克龙说,孔子的思想曾经对伏尔泰、孟德斯鸠产生了重要影响,现存《〈论语〉导读》的法文版,只有两部,一部赠送给习近平主席,另一部存放在巴黎的博物馆。

传统似江河之水,又似生命之流。我们可以看到孔子创立的儒家思想,不仅渲染了中国人的生命底色,更为世界文明的发展产生了重要的影响。特别是以"仁爱"为代表的中华传统美德,内容丰富,博大精深,成为今天社会主义道德建设的源头活水。

2. 如何正解理解"仁爱"原则的内涵

我们这里的"仁爱"原则源自《孟子·尽心上》中的"亲亲而仁民,仁民而爱物",意思是亲爱亲人而仁爱百姓,仁爱百姓而爱惜万物,从亲爱自己的亲人出发,推向仁爱百姓,再推向爱惜万物。

仁爱的第一层意思是"亲"即爱自己的亲人。比如我们耳熟能详的"孝悌为仁之本""仁者人也,亲亲为大",意思都是仁爱最基础的内涵"亲亲"。而对于我们来说,"亲亲"的实践是以孝敬父母和友爱兄长为根本的。

周长芝从小生活在一个充满爱的大家庭里,母亲收养了一个孤儿和10多位孤寡老人。受母亲的影响,她从小就和家人一起为这些没有血缘关系的老人们盛饭端茶、服侍起居,所以周长芝他们这个家庭就是"亲亲"之行的模范家庭。

同时,儒家传统认为仅仅停留于一个家庭当中的"亲亲"是不够的,还需要把它扩展到所有人,即仁爱的第二层含义"仁民"。正如张载《西铭》中所言:"尊高年,所以长其长;慈孤弱,所以幼吾幼。圣其合德,贤其秀也。凡天下疲癃残疾、惸独鳏寡,皆吾兄弟之颠连而无告知者也。"

2011年,周长芝的母亲在弥留之际嘱托周长芝要接续照顾好收养的孤寡老人。为传承母亲的大爱精神,周长芝决心一定要让老人们安享晚年。虽然担任中学校长,但她的工资却不足以照顾这么一大家子人,为减轻经济上的负担,同时又有充足的精力服侍老人,她只得辞去公职,接手了濒临倒闭的一所老年公寓。通过她倾力付出,老年公寓越办越好,很快"一床难求"。为了让更多老人安享晚年,2013年,她拿出家中全部积蓄,卖掉了准备留给儿子结婚的住房,倾全家之力又开办了两家养老院。周长芝用她的行动再次践行了仁爱的第二层含义即"仁民"。

第三层含义是"爱物",如《二程遗书》中所言:"仁者,以天地万物为一体,莫非己也。"仁爱不仅包括人类自身,也包括自然。面对自然,人类同样应该承担起责任。"爱物"意味着人类不能把自然当成是征服的对象,而是当成与人类休戚相关的命运共同体,自觉地加以尊重和爱护。

2019年6月,习近平总书记对垃圾分类工作作出重要指示,培养垃圾分类好习惯,为改善生活环境作努力,为绿色发展、可持续发展作贡献。2020年年底已经有46个先行先试的重点城市,包括北京在内会初步建成垃圾分类处理系统。

在完善政策法规的同时,我们可以看到越来越多的市民身体力行自觉进行垃圾分类,每一个公民像保护自己的眼睛一样去保护生态环境,共同维护我们的家园,去建设天蓝、地绿、水净的美丽中国。它带给我们的启示是在今天的世界,在中国高速发展的过程当中,我们需要仁爱友善,除了对亲人、他人,还有自然。

四、教学建议

本案例可以应用于教材第五章第二节"传承中华传统美德"中"用中华传统美德滋养社

会主义道德建设"这部分内容,效果还是不错的,结合周长芝与家人相亲相爱、相濡以沫,同时超越血缘、传承大爱的鲜活案例,还是非常有说服力的。

五、教学反思

本案例从亲亲、仁民、爱物三个层次展开论述,可以看出这些美德内涵都可以在传统典籍中找到依据,在现实生活中引发思考,还可以滋养今天的社会主义道德建设。比如亲亲之人,让我们认识到了家庭在道德美德养成当中的基础性作用;仁民指向了今天社会主义道德所倡导的为他人服务、为社会奉献的思想源泉;而爱物则指向了我们在公共生活当中保护环境的道德规范。

对我们国家来说,以仁爱为代表的中华传统美德,已经成为今天被社会主义道德传承和转化积累了5 000年文明发展历程当中的道德修养精华,并以鲜明的民族特色为人类贡献了中国智慧,更是我们在人类世界文化激荡当中站稳脚跟的根基。

但是对于如何具体传承"仁爱"原则可能还缺少与学生们的体验密切联系的现实案例,可以让学生们多搜集相关案例,以增强共鸣感。

参考文献

［1］"徐州好人"周长芝当选第六届全国道德模范［EB/OL］.（2017 - 11 - 10）［2022 - 08 - 09］http://www.sohu.com/a/203628147_108893.

［2］马克龙送习主席的珍贵国礼,原来大有来头［EB/OL］.（2019 - 03 - 27）［2022 - 08 - 09］http://world.huanqiu.com/article/9CaKrnKjkcX.

［3］"史上最严"垃圾分类措施今日实施,这46个先行先试重点城市少不了［EB/OL］.（2019 - 07 - 02）［2022 - 08 - 09］http://www.sohu.com/a/324427132_99939932.

教学案例三

因抗击疫情延期婚礼的最美军医赵翎皓

一、案例描述

"对不起,我要晚些娶你了!"

2020年1月24日,海军军医大学第三附属医院肝外三科主治医师赵翎皓告诉未过门的妻子陈文倩:"湖北疫情蔓延,我申请参加支援湖北医疗队,需要立刻赶赴武汉,婚礼要推迟……"

正在家筹备婚礼的陈文倩听完一怔。

这是一场突如其来的疫情,来势汹汹,全国各地纷纷启动重大突发公共卫生事件一级响应。是全身心投入到疫情防控中,还是维持原定计划举办自己期盼已久的婚礼? 这让2019年10月已经领了结婚证的赵翎皓陷入两难……经过思想斗争,赵翎皓提出自己的想法,推迟婚期。

"疫情过后,我一定还你一个完美的婚礼!"赵翎皓作出了这样的承诺。陈文倩从赵翎皓的眼中看到了军人才有的坚定和勇敢,她毫不犹豫地说:"到前方安心救治患者,搞好疫情防控,我等你回来!"

当天20时,海军军医大学在绵绵阴雨中为150名医疗队员举行出征仪式。赵翎皓站在了队伍的中间。其实,很多人不知道,就在赵翎皓申请参加医疗队时,母亲赵洁也向单位提出了去一线的申请。作为海军军医大学第三附属医院的副主任护师,赵洁凭借多年的工作经验判断,此次自己和儿子赵翎皓可能要去前线。她的理解是,在重大疫情出现时,医生就应该是一名战士,义无反顾地投身到抗击疫情的前线中去。况且自己和儿子都是共产党员和现役军人。虽然赵洁的申请没被批准,但同样是军人身份的她,在国家和小家面前,体现了自己的使命和担当。

在做好儿媳工作的同时,赵洁也和陈文倩的父母进行了沟通。老人说:"组织上派翎皓抗击疫情,我们已有心理准备。他是共产党员,应该带头前去,我们为他骄傲!"

没有了后顾之忧,赵翎皓自抵武汉后就和队友们一起值守夜班,进入病区查房,展开救治工作。

资料来源:http://y.dxy.cn/hospital/5156/678621.html。

因疫情不能照顾自己新生儿的公共卫生医生谭善博

在上海2022年春季新冠疫情中,闵行区较为严重。1994年出生的谭善博,是闵行区古美社区卫生服务中心的公共卫生医生,负责流调和密接、次密接及高筛人群的核酸采样工作。

2022年3月24日一早记者前往古美社区卫生服务中心采访的时候,正赶上小谭准备前往一个封控楼栋执行采样任务。核酸采样在内部管理有一套严密流程。小谭首先填表申领了一个PDA扫码仪,这个仪器全市联网,核酸检测结果可直接上传"健康云";接着申领了一大包防护物资,他必须进行2级防护并穿上隔离衣。

在被封控小区的指定区域,小谭穿戴好自己的防护装备,并在同事协助下,将核酸采样管和医废垃圾袋等采样物资全都绑在了腰间,一个人前往密接和次密接人员居住的楼栋。

"叔叔、阿姨,大家准备好'健康云',我们进行核酸采样了,谢谢配合!"在这栋没有电梯的老居民楼,小谭在一名志愿者的协助下,从一楼爬到六楼逐户敲门,一个扫码一个采样,一个多小时后顺利完成任务。小谭仔细核对后,才小心地脱下防护服。回到单位进行样本交接,再送回PDA核酸采样扫码仪,任务才算执行完毕。

这样的任务,小谭和他的同事们已经执行过无数次。为了不被封控在家里,他已经连续多日没有回家。一个多月前,小谭刚做了爸爸,他最担心的是家里没见几面的儿子和正在坐月子的妻子。

前几日,小谭突然接到妻子来电,她在电话里大哭着说:"孩子没气了!"当时,小谭正在一个发现多例阳性的小区采样,只好让一位同事前去帮忙,并让妻子赶紧拨打120。所幸孩子只是呛奶,由于急救及时,并无大碍。那天,小谭忙完手头的工作赶到医院,把一家老小接到了单位,晚上接着工作到深夜。

"每天,都有大量的数据需要统计上报,不能拖到第二天。哪怕是采样到深更半夜,也是如此。"望着窗外的明媚春光,小谭说:"疫情就是战场,我们是一个团结战斗的集体,科室里已经有三位同事病倒了。我是一名'90后'年轻人,冲锋在前,义不容辞。春已暖花已开,疫情终将过去,希望就在眼前。"

资料来源:http://baijiahao.baidu.com/s? id＝17286247318852267873&wfr＝spider-&for＝pc)。

二、思考讨论题

赵翎皓、谭善博的故事体现了怎样的社会公德与职业道德?

三、案例解析

赵翎皓和陈文倩这对年轻的情侣为了武汉疫情阻击战,推迟了婚礼。这两个人都是革命战士,为了党、国家和人民的利益,他们作出牺牲自我的抉择。"90后"的公共卫生医生谭善博为了做好工作,抛下了新生的孩子,以至于在孩子出现窒息时,仍没有办法回家照看。

这样的例子还有很多,如牺牲在抗击疫情一线的彭银华医生。"疫情不散,婚期延迟",这是29岁的武汉医生彭银华发出的坚定誓言。因疫情来袭,彭银华延迟婚期上一线。然而,推迟的婚礼不能再举行了。

医者仁心,大爱无畏。仁与爱的力量,可以消弭一切艰难险阻。像赵翎皓、谭善博、彭银华这样冲在一线的医务工作者还有很多很多,他们都是有血有肉的普通人,他们是儿子、是女儿,为人妻、为人母、为人父、为人夫,如今面对险境却毫无退缩。这是一场没有硝烟的战争,医生就是这场战争中的战士,他们只能冲锋在前。

习近平总书记在中央政治局常委会会议上强调:"只要坚定信心、同舟共济、科学防治、精准施策,我们就一定能打赢疫情防控阻击战。"面对突如其来的严重疫情,在以习近平同志为核心的党中央坚强领导下,在亿万中华儿女的全力支援下,在广大医务工作者的全力以赴驰援下,铸就了伟大抗疫精神。这是新时代社会主义核心价值观的集中体现和全面彰显。

要把抗击疫情斗争作为培育民族精神、弘扬人间大爱的伟大实践,用伟大民族精神汇聚战役强大合力,坚决打赢这场和平年代没有硝烟的战争。抗击疫情斗争,既生动展现了中华民族团结一心、同舟共济的精神风貌,更悲壮书写了爱党、爱国、爱民的鲜活教材。要把抗击疫情斗争作为践行社会主义核心价值观、体现以人民为中心的时代华章,凝聚众志成城抗疫情的强大力量。抗击疫情全面激发了中华民族的爱国情怀,公民的道德素养得到了有力提升,精神境界得到了极大升华,整个社会坚定信心、万众一心、守望相助、共克时艰,在可歌可泣的同心圆中以实际行动生动诠释了中华民族的伟大力量。

四、教学建议

教学中可以把本案例运用于教材第五章第三节"社会公德和职业道德"部分内容,教师在运用中更能提升课程的说服力,达到社会正能量的宣传作用,也能帮助学生树立正确的世界观、人生观和价值观。

本案例使用过程中必须注意的问题是:

一是要向学生讲清伟大抗疫精神与社会公德、职业道德、新时代社会主义核心价值观的内在契合性。在充分认识伟大抗疫精神与新时代社会主义核心价值观的内在统一中,把全面挖掘和大力弘扬伟大抗疫精神作为新时代建设社会主义核心价值观的核心要义和生动案例,切实落到实处。

二是要求学生传播弘扬抗疫先进典型示范。在这场抗击疫情斗争中,涌现了一大批典型人物和先进事迹,这是弘扬新时代社会主义核心价值观最生动、最鲜活、最感人的教材,是我们在抗争苦难中汇聚的宝贵精神财富,一定要传播好、传承好、弘扬好,充分发挥抗疫典型的模范效应和引领作用。

三是讲清如何培养自己的社会公德和职业道德。注重实践养成,让社会主义核心价值观日常生活化,把伟大抗疫精神融入工作、生活、学习方方面面,使之内化于心、外化为行。

五、教学反思

案例的主人公都是普通人,在教学中宣传他们的事迹可以更好地拉进与学生之间的距离,提升课程的亲和力和有效性,也为学生以后学习树立了很好的榜样。本案例的教学旨在弘扬正能量,为学生树立正确的榜样力量。注意引导和批判错误观点。教学中,还应指出个人与社会的关系密不可分,个人的发展离不开社会,社会的进步也离不开个人的奉献。运用本案例过程中,教师一定要注意引导学生深挖案例深层次的含意和内容,不能仅仅局限于案例表面的奉献上,要深挖主人公身上体现出的精神,联系个人价值和社会价值的关系,人的价值体现就在于为社会作出更多的贡献,而不是个人本身成就多大或获益多少。

参考文献

[1] 黄中岩,刘锦秀,崇月,等."立德树人"视域下医学生职业道德教育现状及对策探讨[J].湘南学院学报(医学版),2019,21(4):64-66.

[2] 张会萍,李永菊,刘文.医学生职业道德实践教学模式研究[J].华北水利水电大学学报(社会科学版),2019,35(6):57-61.

[3] 习近平.完善重大疫情防控体制机制 健全国家公共卫生应急管理体系[N].人民日报,2020-2-15(001).

[4] 中共中央国务院印发新时代公民道德建设实施纲要[N].人民日报,2019-10-28(001).

第六章

>>> 学习法治思想　提升法治素养

教学案例一

新中国第一部宪法

一、案例描述

1954年9月,第一届全国人民代表大会第一次会议在北京举行。大会的一个重大贡献是一致通过了《中华人民共和国宪法》。这是一部社会主义类型的宪法,体现了人民民主原则和社会主义原则。宪法进一步确立了我国的根本政治制度,明确规定:"中华人民共和国是工人阶级领导的、以工农联盟为基础的人民民主国家。""中华人民共和国的一切权力属于人民。人民行使权力的机关是全国人民代表大会和地方各级人民代表大会。""全国人民代表大会、地方各级人民代表大会和其他国家机关,一律实行民主集中制。"宪法还确立了国家体制的格局:全国人民代表大会是最高国家权力机关;国务院即中央人民政府,是最高国家行政机关。大会选举毛泽东为中华人民共和国主席,朱德为副主席;选举刘少奇为全国人民代表大会常务委员会委员长,宋庆龄等13人为副委员长;决定周恩来为国务院总理。

2014年12月4日,必将是一个值得永远铭记的日子。在这一天,我们迎来了中国第一个"国家宪法日",宪法日的确定是为了让宪法意识深入人心,让民众更加了解我国的宪法,以及根据宪法制定出来的相关法律,让民众能将一颗法律的种子种进心里,并让它生根发芽,长出硕硕的法治果实。

对宪法重要性的认识从未像今天这样高——正如党的十八届四中全会《决定》所指出的:"宪法是党和人民意志的集中体现,是通过科学民主程序形成的根本法。坚持依法治国首先要坚持依宪治国,坚持依法执政首先要坚持依宪执政。宪法是党领导人民制定的,承载着人民对美好生活的向往和社会的价值共识。宪法来源于人民,保障人民的基本权利。"宪法一方面制约公权力,一方面保护人民的基本权利。所以,列宁有一句名言:"宪法就是一张写着人民权利的纸。"

资料来源:中国人大网

二、思考讨论题

"五四宪法"的性质和意义是什么？

三、案例解析

"五四宪法"确立了人民当家作主的宪法地位,是体现社会主义原则与人民民主原则的我国第一部社会主义类型的宪法。

宪法奠定了国家的基本制度。自 1954 年"五四宪法"通过至 1975 年宪法通过之前,"五四宪法"运行了 21 年,使中国社会持续着法律意义上的宪法有效期。通过"五四宪法"建立了国家基本制度、建构了公民与国家的宪法关系,实现了政治结构和经济、社会制度的社会主义化,为新的宪法秩序的形成提供了统一的宪法依据。"五四宪法"颁布后,根据宪法规定建立起系统完整的国家政权体系。1954 年 9 月 27 日第一届全国人民代表大会第一次会议选举毛泽东为中华人民共和国主席,朱德为副主席。同一天会议选举第一届全国人民代表大会常务委员会组成人员。通过这些选举活动,基本建立了以宪法为基础的最高权力机关体系,使宪法规定的最高权力机关获得了宪法地位。第一届全国人民代表大会常务委员会自成立以来,依照宪法的规定履行职责,为实施宪法做了积极的工作。"五四宪法"还为这一时期的法制建设提供了统一的宪法依据。1955 年全国人民代表大会常务委员会第 17 次会议通过了《全国人民代表大会常务委员会关于解释法律问题的决议》,把宪法规定的常务委员会对法律的解释权具体化,确定了解释的条件与范围,还赋予法院一定程度和范围内的解释权,为最高人民法院行使司法解释权提供了法律基础。全国人民代表大会还以授权的形式规定了常务委员会制定单行法规的职权,这是宪法颁布后进行的第一次立法授权。新中国成立初期法律体系的建立,为人民民主专政政权的巩固,为肃清反革命残余势力和稳定社会秩序,为国民经济的恢复和发展,为各项新民主主义改革,都发挥了重要的调整作用,以实事求是的科学态度团结全国各族人民进行社会主义革命和建设,提高了广大人民的宪法意识和国家观念,使人民群众以国家主人翁的姿态积极投身各项事业建设。

宪法对社会主义阵营与国际关系产生了重要影响。在 20 世纪 50 年代的国际关系格局中,中国宪法所采用的模式,特别是制度的安排,对于国际社会对社会主义体制的评价产生了一定影响。"五四宪法"中包含着巩固国际团结的原则,如"五四宪法"序言中指出了我国在国际事务中为世界和平和人类进步的崇高目的而努力的根本方针,指出我国巩固同苏联为首的社会主义国家的团结、同全世界爱好和平的人民的团结,这种友谊将继续发展和巩固。这种国际团结的加强,是我国社会主义事业不可缺少的条件。同时,这一巩固国际团结的原则也有利于"五四宪法"树立良好的国际形象。刘少奇在宪法草案报告中专门谈到宪法可能产生的国际影响,指出:"我们的宪法已经把我国在国际事务中的根本方针规定下来,这个方针就是要为世界和平和人类进步的崇高目的而努力"。毛泽东则认为:"这个宪法草案公布以后,在国际上会不会发生影响? 在民主阵营中,在资本主义国家中,都会发生影响。""五四宪法"产生国际影响的重要途径是发行翻译文本。早在"五四宪法"正式通过之前，由政府主管的出版机构就已组织人力进行翻译。1955年，当时的外文出版社出版了1954年宪法的英、法、俄、德、日等文种的版本。"五四宪法"也得到世界各国友好人士与团体的认同和赞扬。

四、教学建议

　　该案例主要以陈述为主，建议使用在教材第六章第一节第二目"我国社会主义法律的本质特征"中。通过案例帮助学生了解新中国第一部宪法——"五四宪法"的性质和意义，从而更好地理解我国社会主义法律的本质特征，同时也增加对"国家宪法日"的认识。新中国成立以后，先后通过了四部宪法，"五四宪法"是我国第一部社会主义类型的宪法，无论它的内容，还是它产生的过程，都体现了人民在这个国家至高无上的地位。

　　这个宪法首先确认了工人阶级的领导地位，确认了工农联盟是国家的阶级基础，肯定了人民在这个国家中的地位。宪法制定以后，人民在这个国家中的地位明确化，这在中国历史上是从未有过的。

　　以立法形式设立"国家宪法日"，是一个重要的举措，传递的是依宪治国、依宪执政的理念。形成举国上下尊重宪法、宪法至上、用宪法维护人民权益的社会氛围。这表明我们对宪法有了更深层次的认识，并对其在国家社会生活中的作用进一步突出定位，这是我国法治建设进程中具有里程碑意义的大事，也必将深刻影响今后的社会生活。

五、教学反思

　　本案例可以加深学生对于社会主义法律的特征、我国社会主义制度的确立、我国的国体和政体等知识点的理解，有利于构建完整的宪法知识框架。但是，由于"五四宪法"颁行前后我国正处于由新民主主义社会向社会主义社会的过渡阶段，这是一个革故鼎新的过程，国家制度也在摸索和变革之中。授课时如果脱离了对社会主义改造理论的介绍，单纯地讲解案例内容，学生对于"五四宪法"产生的历史背景、历史地位与重要性可能会理解得不够深刻。因此建议在实际教学中，适当拓展社会主义改造理论相关内容。例如，中华人民共和国成立后，我国开始了从新民主主义到社会主义的转变，新民主主义社会是一个过渡性的社会，通过社会主义改造转变到社会主义社会是历史发展的必然。党根据马克思列宁主义基本原理，结合我国具体实际，创造性地开辟了一条适合中国特点的社会主义改造道路，成功地完成了生产资料私有制的社会主义改造，实现了中国历史上最深刻最伟大的社会变革。社会主义基本制度的确立，是20世纪中国一次划时代的历史巨变，也是世界社会主义发展史上又一个历史性的伟大胜利，为当代中国一切发展进步奠定了根本的政治前提和制度基础，"五四宪法"是法制保障，实现了中华民族由近代不断衰落到根本扭转命运、持续走向繁荣富强的伟大飞跃。同时，在授课时也要明确案例教学目标，科学处理案例内容，不断优化教学过程，增加课堂互动，选用贴近生活、贴近学生的语言，增强授课的趣味性和吸引力，达到使学生知行合一的目的。

　　本案例使用的预期效果是通过对"五四宪法"和"国家宪法日"的案例分析，调动学生对于我国社会主义法律的学习热情,增强对社会主义法律本质特征的理解,坚定法治自信,维护宪法权威,最终能够做到自觉尊法学法守法用法。

参考文献

［1］李文静.1949—1982年中国共产党对法治的认识及其经验启示研究[D].东北师范大学,2020.

［2］王龙.五四宪法之价值分析[D].华南理工大学,2015.

［3］韩大元."五四宪法"的历史地位与时代精神[J].中国法学,2014(04):28-47.

［4］文正邦,唐芬.论重视和加强宪法的程序性建设[J].政治与法律,2005(01):14-20.

教学案例二

以《中华人民共和国民法典》诠释中国特色社会主义法治道路

一、案例描述

以习近平同志为核心的党中央高度重视民法典编纂工作,将编纂民法典列入党中央重要工作议程,并对编纂民法典工作任务作出总体部署、提出明确要求。为做好民法典编纂工作,全国人大常委会党组先后多次向党中央请示和报告,就民法典编纂工作的总体考虑、工作步骤、体例结构等重大问题进行汇报。2016年6月、2018年8月、2019年12月,习近平总书记三次主持中央政治局常委会会议,听取并原则同意全国人大常委会党组就民法典编纂工作所作的请示汇报,对民法典编纂工作作出重要指示,为民法典编纂工作提供了重要指导和基本遵循。

资料来源:《关于〈中华人民共和国民法典(草案)〉的说明》,新华网2020-05-22 21:56:31

民法典编纂过程中,先后10次通过中国人大网公开征求意见,累计收到42.5万人提出的102万条意见建议。

资料来源:《人民美好生活的法治保障》,《人民日报》2020-5-31

北京市房山区人民法院适用民法典新规定首次审结一起离婚家务补偿案件,该案中丈夫陈某多次向法院提起诉讼要求与妻子王某离婚,王某以婚后照顾孩子、料理家务等为由要求陈某补偿损失。最终,法院一审判决准予两人离婚,陈某给付王某家务补偿款5万元。

资源来源:《房山法院适用民法典新规定首次审结一起离婚案件》,房山区文明办,首都文明网2021-02-23

据媒体报道,家住河南省信阳市的孙女士,因为看到小区老人郭某撞伤一名男童后试图直接离去，遂上前进行了拦阻并与老人发生了争执。孰料老人不久后突然倒地死亡，死者家属一怒之下将孙女士告到法院，要求后者赔偿40余万元的损失。

资料来源：《因撞人纠纷男子猝死，阻拦他离开的女子该负责吗？》，人民日报社 2019 - 11 - 28 20:23

《民法通则》第二条规定：民法调整平等主体的公民之间、法人之间、公民和法人之间的财产关系和人身关系。《民法典》总则编第二条规定：民法调整平等主体的自然人、法人和非法人组织之间的人身关系和财产关系。《民法典》还将人格权独立成编。

资料来源：中国人大网

二、思考讨论题

第一、二个案例中，《民法典》的编撰工作分别体现了什么？说明我国的法治道路"特"在哪里？

第三个案例中，离婚时家务劳动是否应当补偿？为什么？说明我国的法治道路"特"在哪里？

第四个案例中，孙女士是否应当承担赔偿责任？为什么？说明我国的法治道路"特"在哪里？

第五个案例中，《民法通则》和《民法典》的规定有何不同？为什么会有这种变化？说明我国的法治道路"特"在哪里？

三、案例解析

第一个案例体现了《民法典》的编撰始终在党中央的统一领导下进行，说明中国特色社会主义法治道路要"坚持党的领导"。

第二个案例体现了民法典的人民性。广泛征求民意，了解人民群众的法治需求，确保了民法典的制度设计符合社情、贴近民意。习近平总书记在十八届四中全会上指出："我国社会主义制度保证了人民当家作主的主体地位，也保证了人民在全面推进依法治国中的主体地位。这是我们的制度优势，也是中国特色社会主义法治区别于资本主义法治的根本所在。"这说明中国特色社会主义法治道路"坚持人民主体地位"。

坚持人民主体地位，必须坚持法治建设为了人民、依靠人民、造福人民、保护人民，以保障人民根本权益为出发点和落脚点。体现在立法上，就要保证人民的意志和利益得到体现，也保证人民能有充分的机会表达自己的意见。

第三个案例中，家务劳动应当补偿。《民法典》第1088条明确了家务劳动补偿权，使得家务劳动的价值真正被认可，承认了从事家务劳动一方所付出的时间成本和机会成本，具有特别重大意义。在外工作的一方工作期间获得的是人力资本的增长，投资自己的人脉、增长自己的学识，离婚后，这些对他/她今后的人生还是有价值的，然而另一方如果把他/她所有的精力都放在了家庭中,照顾老人、孩子,买菜做饭,这些对于他/她今后走入社会或者第二次婚姻是没有什么价值的,因此对家庭负担较多义务一方权益的保护更有利于促进平等。

本案中很多人觉得 5 万元的赔偿太少,补偿多少合适呢?每个家庭都不一样,很难有统一标准。在审判时,主要考虑了双方婚后共同生活的时间,女方在家务劳动中具体付出的情况,男方个人的经济收入,当地一般的生活水平。

家务劳动补偿的原因及补偿标准体现了中国特色社会主义法治道路中"坚持法律面前人人平等"。

第四个案例中,孙女士不应当承担赔偿责任。扶不扶、劝不劝、追不追、救不救、为不为、管不管,这些"不成问题的问题"一度成为人们生活中的困扰。针对近年来出现的多起类似案件,《民法典》对保护见义勇为者的合法权益作出专门规定:因保护他人民事权益使自己受到损害的,由侵权人承担民事责任,受益人可以给予适当补偿;因自愿实施紧急救助行为造成受助人损害的,救助人不承担民事责任。这也被法学界称为"见义勇为"条款。民法典第一条就将弘扬社会主义核心价值观作为其立法目的之一。《民法典》旗帜鲜明地传递出保护善人善举的信号,体现了中国特色社会主义法治道路中"坚持依法治国与以德治国相结合"。

第五个案例中,《民法典》与《民法通则》在调整对象上"财产关系"与"人身关系"的顺序发生了变化。《民法通则》起草于 20 世纪 80 年代,面对的中国之问和时代之问是什么呢?当时中国社会的主要矛盾是人民日益增长的物质文化需要与落后的社会生产之间的矛盾,所以,《民法通则》比较关注对平等主体之间的财产关系进行法律的调整,财产关系在人身关系之前。《民法典》起草于党的十八大之后,中国社会的主要矛盾已经转变为人民对美好生活的需求与发展不平衡不充分之间的矛盾。因此,《民法典》将人放在了更为重要的位置,人身关系在财产关系之前。

《民法典》更加重视人还体现在人格权独立成编,这也是我国民法典区别于域外民法典的显著特点。从根本上满足了新时代人民群众日益增长的美好生活的需要,回应了人格权保护在网络信息时代所面临的各种挑战。

我国民法典的编纂,不是照抄照搬法国民法典、德国民法典、日本民法典,而是立足中国国情、提出中国方案、回应时代需要、解决时代难题,体现了中国特色社会主义法治道路中"坚持从中国实际出发"。

四、教学建议

本案例可以与教材第六章第二节"坚持全面依法治国"中"坚持中国特色社会主义法治道路"的教学内容相结合,使用本案例的教学目的和用途在于,一方面贯彻习近平总书记的要求——学习《民法典》,另一方面"中国特色社会主义法治道路"比较抽象,用《民法典》的编撰来解释易于理解。

五、教学反思

实施效果:中国特色社会主义法治道路对学生来讲是很抽象的理论,如何让学生更好地理解我国法治道路的"特"呢？我想到了刚刚颁布实施不久的《民法典》。习近平总书记在十九届中央政治局第二十次集体学习时强调，"要把民法典纳入国民教育体系，加强对青少年民法典教育"。能不能把二者结合在一起？教师是教学的引导者，教师不能代替学生思考，学生才是学习的主体，学习的过程应该由学生自己来完成。在本节课的教学中，教师通过《民法典》的编撰过程和相关内容不断创设情境、抛出问题，引导学生一步步去思考中国特色社会主义法治道路"特"在哪里，体现了教师的主导性和学生的主体性的有机结合，取得了很好的教学效果。

存在的问题：采用分组讨论，小组派代表的方式回答问题，可能存在部分同学积极思考，有同学懒于思考，搭便车的情况。

改进思路：借助信息化教学手段，让所有同学都作出选择，比如你认为孙女士是否应当承担责任？通过信息化教学平台的数据统计，可以清楚地看到选择"是"或"否"的同学分别占多少，再从两方分别随机挑选同学回答选择原因，这样，既让所有同学都参与进来，又能让教师了解所有同学的观点，教师再进行有针对性的总结，效果应该更好。

参考文献

［1］王晨.关于《中华人民共和国民法典（草案）》的说明[EB/OL].（2020－05－22）[2021－05－06] http://www. xinhuanet. com/politics/2020lh/2020-05/22/c_1126021017. htm.

［2］人民美好生活的法治保障[EB/OL].（2020－05－31）[2021－05－06]http://politics. people. com. cn/n1/2020/0531/c1001-31729843. html.

［3］房山法院适用民法典新规定首次审结一起离婚案件[EB/OL].（2021－02－23）[2021－05－08] http://www. bjwmb. gov. cn/xxgk/xcjy/202102/t20210223_828659. htm

［4］因撞人纠纷男子猝死，阻拦他离开的女子该负责吗？[EB/OL].（2019－11－28）[2021－05－08] http://baijiahao. baidu. com/s? id＝1651448368085528671

教学案例三

马锡五与封捧、张柏婚姻上诉案

一、案例描述

马锡五是陕西保安（现志丹）县人。抗日战争时期担任陕甘宁边区陇东分庭庭长后，采取巡回审判方式，依靠群众，深入调查研究，运用审判与调解相结合的方法，纠正了一审判决中的若干错案，及时审结了一些缠讼多年的疑难案件，减轻了人民的讼累，因而被人民称作"马青天"，边区政府称之为"马锡五审判方式"。

在马锡五审理的案件中，最著名的要属封捧与张柏的婚姻上诉案。他深入到区乡干部和群众中了解真实案情和一般舆论趋向；在广泛宣传党关于家庭婚姻方面的指导思想方针政策基础上，召集当地群众进行公开审判；除询问当事人的要求和理由外，还广泛征询群众意见。群众认为张家深夜抢亲,既伤风化,也有碍治安,使乡邻惊恐,以为盗贼临门,应当受到惩罚。对于封捧与张柏的婚姻问题,一致认为不应拆散。取得以上共识后,当庭宣布以下判决:①封捧与张柏双方皆同意结婚,按婚姻自由原则,其婚姻准予有效。②张金才等黑夜抢亲,有碍社会治安,因而判处有期徒刑。③封彦贵以女儿为财物,多次高价出卖,违反婚姻法规,处以劳役,以示警戒。宣判之后,受罚者认为罪有应得,口服心服;群众以为是非分明,热烈拥护。封捧与张柏的婚姻受到法律保障,更是皆大欢喜。总之,通过这一案例惩罚了违法者,正确宣传了政策法令,提高了干部和群众的法制观念。

资料来源:《中国宪法事例研究(一)》

二、思考讨论题

抗日战争时期,我党在陕甘宁革命根据地是如何将家庭婚姻方面的指导思想和方针政策贯穿到具体实践中,来提高党员干部和人民群众的法制观念的?

三、案例解析

通过案例描述,以史实故事讲述的形式,让学生对我党早在抗日战争时期认真贯彻群众路线,积极倾听群众心声、吸取民意、尊重人民群众意见,有进一步的了解和认知。进一步启发学生深刻认识到:早在革命战争时期,在贯彻党的群众路线的基础上,将党的婚姻政策进行宣传贯彻和实施。党领导原则的确立是具有深厚的法治文化底蕴和扎实群众基础的,因为党的领导是人民当家作主的根本保证,党的领导能够维护和实现最广大人民群众的根本利益。可以说,我国宪法对党领导地位和执政地位的规定,既是对党领导人民在革命、建设、改革各个历史时期奋斗成果的确认,也是对国家性质和根本制度的确认,集中体现了党的主张和人民意志的高度统一。

与此同时,"马锡五审判方式"在此案中关于婚姻自主的认定,已为新中国第一部法律《中华人民共和国婚姻法》中关于"婚姻自由原则"的确立奠定了法理、契合了伦理,也滋养、孕育着"以事实为根据、以法律为准绳"的法治原则。

四、教学建议

本案例运用于教材第六章第三节"维护宪法权威"第二目"我国宪法的地位和基本原则"这一部分内容的讲解。

使用这一案例的时候,教师要特别注意党领导的原则蕴含在党的指导思想和方针政策之中;与此同时,党关于家庭婚姻方面尊重群众婚姻自由原则确立的伦理、法理,以及在这一案例中贯彻党的群众路线滋养、孕育的"以事实为根据、以法律为准绳"法治原则,都要作进一步引申和诠释。切忌以点带面,要逐一细致分析,这样才有助于增强学生的宪法法治意识和规则的养成。

五、教学反思

通过深入挖掘革命时期红色法治案例,把其融入思政教学,可以激发学生对革命历史的回望和热情;在具体案例、红色法治故事的讲解中,让学生对我党奋斗进程中的指导思想、方针政策孕育着法治原则具有鲜活的体认和深刻的认知,以及在群众路线滋养、浸润民主意识与法治情怀中增强对党的领导的认识。但是,在具体故事讲述中,如果引导、提醒和侧重点不突出,会让学生曲解为在落实党的群众路线,所以这需要教师在故事讲述中,首先要突出我党在抗日战争时期的指导思想、方针政策在具体处理人民群众的案件中的重要作用,从而析出党领导的原则,以及这一原则在新中国成立前后相关宪法性文件的记载;之后适当拓展党在群众路线基础上滋养、孕育出来的婚姻自由,以事实为依据、以法律为准绳等法治原则。

参考文献

[1] 韩大元.中国宪法事例研究(一)[M].北京:法律出版社,2005.

[2] 周叶中.宪法学[M].北京:高等教育出版社,2011.

[3] 叶孝信.中国法制史[M].北京:北京大学出版社,1988.

[4] 杨鹤皋.中国法律思想史[M].北京:北京大学出版社,1988.

教学案例四

黄克功案

一、案例描述

1937 年 10 月,在延安发生红军干部黄克功因逼婚而枪杀少女刘茜一案。对此案如何审理、如何惩处黄克功,时任陕甘宁边区高等法院院长雷经天给毛泽东书信请示,毛泽东针对此案在同年 10 月 10 日《致雷经天》的复信中明确指出,必须依据被告人犯罪行为的危害大小,作为定罪科刑的主要根据,果断地摈弃了对有功绩者犯罪得享受减免刑罚的特权。因此,这一复信体现了在法律面前人人平等的原则,成为中国革命法制史上具有理论意义和历史影响的重要文献。从此以后,在革命根据地的立法中,不仅不再出现类似"唯功绩论"的规定,而且对于共产党员和革命干部提出更加严格的要求。例如,1941 年《陕甘宁边区施政纲领》第八条规定:"共产党员有犯法者从重治罪。"

资料来源:《中国法制史(革命根据地部分)》

二、思考讨论题

在革命战争年代,我党是如何尊重和保护人民群众生命财产的? 如果我们的党员干部侵犯了人民的生命财产,应如何惩处?

三、案例解析

我党历史上的这一法治素材向我们昭示:在坚持法律面前人人平等的基础上,通过依法惩处黄克功,充分体现了我党对人民群众的尊重和保护,同时蕴含着我党依规治党的法治传统和政治风范。

建议教师将案例融入教材内容之中,进一步引导,通过这一案例让学生深切认识到:历史上我党一贯重视对人民群众生命财产的尊重和保护,始终坚持法律面前人人平等的原则。

紧接着引出:2004 年 3 月第四次宪法修正案中将"国家尊重和保障人权"写入宪法,又叫"人权入宪",可以说,尊重和保障人权原则作为我国宪法的基本原则,具有源远流长的法治传统,是在传统法治文化滋养浸润中不断生成生长的,在依法治国中凝练提纯并获得升华。教师可通过列举薄熙来案、徐才厚案、令计划案等让学生进一步拓宽法治视野,并意识到法无特权、法无特人、法无特殊、法无特例。

四、教学建议

本案例运用于教材第六章第三节"维护宪法权威"中第二目"我国宪法的地位和基本原则"这一知识点的讲解。

在案例使用中要注意法律面前人人平等与尊重和保障人权的内在法治逻辑。注意把握好在党员干部犯罪与普通人民群众犯罪的对待上,从我党历史上毛泽东复信中引导学生认识到法律面前人人平等的原则,这成为中国革命法制史上具有理论意义和历史影响的重要文献。从此以后,在革命根据地的立法中,不仅不再出现类似"唯功绩论"的规定,而且对于共产党员和革命干部提出在保护人民群众生命财产上更加严格的要求,彰显出国家尊重和保障人权这一基本原则。教师在备课和教学中需要特别注意这一原则的确立与法律面前人人平等原则之间的内在法治逻辑。

五、教学反思

通过我党历史上对有功党员干部犯罪依法惩处案例的解析,能够增强学生对我党一贯重视人民群众生命财产的保护、摒弃了对有功绩者犯罪减免刑罚的特权、坚持法律面前人人平等、进而引申出国家尊重和保障人权这一宪法基本原则的认知。但是,如果教师表述不清或用语不准确,可能会引起学生对党的历史上个别党员干部违法犯罪的误读。这需要教师提高政治意识,在讲述和解读上突出、强调党员干部违法犯罪和普通人民群众一律平等的宪法法治理念;与此同时,拓展并深化对我党历史上依规治党的法治传统和从严治党的政治风范与法制要求。

参考文献

[1] 吕世伦,李瑞强,张学超.毛泽东邓小平法律思想史[M].武汉:武汉大学出版社,2014.

［2］叶孝信. 中国法制史[M]. 北京:北京大学出版社,1988.

［3］杨鹤皋. 中国法律思想史[M]. 北京:北京大学出版社,1988.

教学案例五

周恩来与《共同纲领》起草中的民主集中制原则

一、案例描述

民主集中制原则第一次写入宪法性文件是 1949 年 9 月 29 日由中国人民政治协商会议第一届全体会议通过的《中国人民政治协商会议共同纲领》。

《共同纲领》为什么确认民主集中制原则？主持起草工作的周恩来曾有过精辟的解释。他指出:"新民主主义的政权制度是民主集中制的人民代表大会的制度,它完全不同于旧民主的议会制度。我们这个特点是从人民选举代表、召开人民代表大会、选举人民政府直到由人民政府在人民代表大会闭会期间行使国家政权的这 — 整个过程,都是行使国家政权的民主集中的过程,而行使国家政权的机关就是各级人民代表大会和各级人民政府。"民主集中制无论是作为中国共产党的组织、活动原则,还是作为中国共产党领导的政权的组织、活动原则,在新中国都不乏完备的理论依据。另外,《中国人民政治协商会议共同纲领》草案是由中国共产党负责起草的。因此,民主集中制无论是作为一项政权机关的组织原则写入《共同纲领》,还是作为新中国成立之初党政不分的习惯做法而被自觉不自觉地带入了《共同纲领》,都是再自然不过的事情。到 1954 年第一届全国代表大会通过的第一部新中国宪法、第一部社会主义类型的宪法中,作为宪法的基本原则正式确立下来。

资料来源:《民主集中制宪法原则研究》

二、思考讨论题

从《共同纲领》到 1954 年宪法,我国政权的组织形式和活动方式是怎样体现民主集中制原则的？

三、案例解析

通过这一案例清楚明白地告诉学生:民主集中制是我国国家组织形式和活动方式的基本原则,是我国国家制度的突出特点和优势,也是集中全党全国人民集体智慧,实现科学决策、民主决策的基本原则和主要途径。早在新中国成立前夕,我党主要领导人、老一辈革命家周恩来对民主集中制这一宪法原则的地位、意义、内涵已经进行过科学阐释和建构性的政治实践;新中国成立后,这一原则在 1954 年宪法中得到正式确立,成为国家政权组织形式和活动方式的基本原则、依据。

四、教学建议

本案例建议运用于教材第六章第三节"维护宪法权威"中第二目"我国宪法的地位和基本原则"这部分内容的讲解。

建议教师对新中国成立前后相关的宪法性文件作进一步的解读。在使用这一案例时,要注意阐明民主集中制是宪法基本原则,是国家组织形式和活动方式的基本原则、依据。中华人民共和国的国家机构实行民主集中制,而我国政权组织形式是全国人民代表大会制,是政体。国家权力统一由全国人民代表大会和地方各级人民代表大会行使,全国人民代表大会和地方各级人民代表大会由民主选举产生,对人民负责,受人民监督。人民民主专政是国体。老师在讲授中需注意国体、政体(民主集中制)这一对宪法法治概念的区别和具体宪法实践。

五、教学反思

通过对周恩来与《共同纲领》起草中的民主集中制原则的解读,以讲述红色故事的方式娓娓道来,能够提升学生对我党奋斗进程中宪法法治发展历史的兴致,进一步增强对宪法基本原则的理解、领会和把握。

在实际教学中会遇到部分学生对党内民主与人民民主、人民当家作主、人民民主专政、民主集中制这些概念、原则的混同问题。这需要教师在讲述这案例故事中,首先给学生讲清楚弄明白,《共同纲领》草案是由中国共产党负责起草的。因此,民主集中制无论是作为一项政权机关的组织原则写入《共同纲领》,还是作为新中国成立之初党政不分的习惯做法而被自觉不自觉地带入了《共同纲领》,都是再自然不过的事情。民主集中制无论是作为中国共产党的组织、活动原则,还是作为中国共产党领导的政权的组织、活动原则,在新中国都不乏完备的理论依据。在此基础上,再进一步给学生解释人民民主专政是国体、民主集中制是政体这一对基本概念。

参考文献

[1] 范进学,刘树燕,夏泽祥,张玉洁.民主集中制宪法原则研究[M].上海:东方出版中心,2011.
[2] 吕世伦,李瑞强,张学超.毛泽东邓小平法律思想史[M].武汉:武汉大学出版社,2014.
[3] 叶孝信.中国法制史[M].北京:北京大学出版社,1988.
[4] 杨鹤皋.中国法律思想史[M].北京:北京大学出版社,1988.

教学案例六

最高检发布"弘扬宪法精神　落实宪法规定"——七大典型案例

一、案例描述

2019 年 12 月 3 日,最高检举办主题为"弘扬宪法精神,推进国家治理体系和治理能力现代化"的第 33 次检察开放日活动,并发布了七大典型案例。

服务保障非公有制经济健康发展
——刘某生产、销售伪劣产品案

1. 基本案情

2017 年 10 月 26 日,浙江某工贸有限公司生产 T600D 型电动跑步机 48 台,销售金额为 5.76 万元。经抽样检测,上述电动跑步机有 3 项指标不符合产品标准,被判定为不合格。

2017 年 11 月至 12 月,该公司通过研发创新产品智能平板健走跑步机(以下称走步机),对外以健走跑步机名义进行销售,销售金额达 701 万余元。经抽样检测,上述走步机所检项目符合固定式健身器材的国家标准,但有三项指标不符合跑步机的国家标准,被判定为不合格。

2. 案件办理情况

2018 年 2 月,公安机关以涉嫌生产、销售伪劣产品罪对该公司经营者刘某立案侦查。2018 年 12 月,该案移送检察机关审查起诉。检察机关经审查,依法退回补充侦查 2 次。

检察机关经审查认为,刘某公司生产的走步机系创新产品,而非伪劣产品,对该部分事实不认定为犯罪。该公司之前生产、销售的 48 台不合格电动跑步机的行为已构成生产、销售伪劣产品罪,但销售金额仅 5 万余元,主观恶性较小,且经调查未发现消费者人身、财产受损的情况,社会危害性较小。刘某经营的公司属于创新型企业,正处于升级发展的关键期。检察机关综合考虑各种因素,于 2019 年 4 月对刘某作出相对不起诉决定。

3. 典型意义

案件办理过程中,检察机关及时提前介入,在案件事实已基本查清,主要证据已固定的情况下,考虑刘某系企业负责人,从保障企业正常经营角度出发,建议公安机关慎用羁押措施。注意把握案件性质和相关犯罪的构成,通过认真梳理,明确了争议焦点,通过多方调查认定涉案走步机在运行速度、产品结构等方面均与传统跑步机存在显著区别,不宜根据跑步机的国家强制性标准径行认定涉案走步机不合格。该案办理过程中,检察机关不盲目采信判定产品不合格的《技术检测报告》,主动介入、深入走访、认真研判,保护当事人的合法权益,保障民营企业正常经营,维护民营企业发展的良好环境。同时,检察机关通过督促企业完善企业标准及按规定上报备案、主动与行业主管及监管部门会商研究等,推动行业部门提供专业意见,明确了走步机适用的国家标准,促进了行业的健康规范发展。

依法惩治传销,维护社会经济秩序
——卢某某、成某某等人利用"虚拟货币"组织、领导传销活动案

1. 基本案情

2015 年 9 月,卢某某、成某某等人看到"虚拟货币"等概念火爆,设立某科技有限公司,共同商议设立 GGP 共赢积分奖金制度,以投资购买产品的名义发展会员,并按照投资金额的多少确定会员级别,设普卡、银卡、金卡、钻卡四种,以投资额 5∶1 的比例释放相应的

GGP 积分,可以在 BTC100 网站上交易变现。同时,为了发展更多下线,公司设置推荐奖、互助奖、管理奖、平级奖,并按照会员级别、管理级别给予会员不同比例的奖金。经查,该传销网络共计 30 个层级,涉及会员账号 1 万余个,涉案金额共计人民币 3.2 亿余元。

2. 案件办理情况

检察机关以卢某某、成某某等 11 人涉嫌组织、领导传销活动罪向法院提起公诉。2019 年 9 月,法院对本案作出判决,判处卢某某、成某某等 11 名被告人两至五年不等有期徒刑,并处罚金。

3. 典型意义

传销活动直接或间接以发展人员的数量作为计酬或者返利依据,引诱、胁迫参加者继续发展他人参加,骗取财物,扰乱经济社会秩序,损害人民群众的合法权益。一些不法分子以"区块链""虚拟货币""消费投资""慈善互助"等新名词、新概念为噱头,以高额回报为诱饵,通过各种宣传培训吸引老百姓参与其中。这些纷繁复杂的犯罪手段,特别是以"金融创新"等名义开展的各类金融投资业务,迷惑性强、难以识别,群众容易上当受骗,造成经济损失,严重扰乱社会经济秩序。检察机关通过严厉打击这类以新概念为噱头的传销、诈骗、非法集资犯罪,彰显法律的威严,切实维护人民群众的财产,维护良好的社会经济秩序。

通过行政公益诉讼保护人民健康
——浙江省某市保健品虚假宣传行政公益诉讼案

1. 基本案情

2019 年初,某市益健堂、苗家养生堂等商户通过悬挂广告牌、口头推销、组织老人会销、举办答谢会等方式,高价兜售"高电位能置养生仪""康汇牌维固胶囊""按摩凳"和羊奶粉等保健产品,同时违规使用"治疗高血压、糖尿病、抗肿瘤癌症"等疾病治疗用语,夸大产品功能、虚构使用效果,虚假宣传误导和欺骗消费者,市场监管部门未能有效查处,损害了社会公共利益。

2. 案件办理情况

2019 年初,该市检察机关接到群众对保健品市场乱象的举报投诉线索达 50 余条。检察机关据此部署专项行动,对本市范围内的保健品市场违法问题进行摸排,开展暗访调查 39 次,网上取证 117 条,询问案件相关人员 64 人次,收集物证、书证和视听音频资料 108 份,基本掌握了辖区内保健品销售领域存在的主要违法情况。结合调查情况,检察机关向该市市场监督管理局发出检察建议,督促其加大执法办案力度,依法对该市益健堂、苗家养生堂、恒念保健品商行保健虚假宣传等违法行为进行查处,对涉嫌犯罪的及时移送公安机关。市场监督管理局收到检察建议后,立即组织对检察建议涉及的违法经营单位进行重点检查,共立案 30 余件,罚没款 54 万余元,并联合公安、乡镇(街道)等查处关停涉及保健品传销的黑窝点 5 个,移送公安机关立案 4 件,刑拘 7 人,有效整治了当地保健品市场乱象。

3. 典型意义

《宪法》第二十一条规定:"国家发展医疗卫生事业,发展现代医药和我国传统医药……

保护人民健康。"民以食为天,食以安为先。食品药品安全关系人民群众身体健康和生命安全,人民日益增长的美好生活需要对加强食品药品安全工作提出了新的更高要求。近年来,保健品市场乱象突出,"骗老坑老""骗病坑病"等时有发生,侵害消费者健康安全和经济权益。检察机关坚持以人民为中心,部署开展整治保健品市场乱象专项监督行动,以行政公益诉讼诉前检察建议为切入点,发挥"网格十检察"线索发现机制,拓宽线索发现研判渠道,并主动加强后续跟踪监督,支持市场监管部门全面排查,扩大治理成效,切实保障千家万户舌尖上的安全,真正实现了双赢多赢共赢的良好效果。

通过行政抗诉保障劳动者合法权益
——黄某申请工伤纠纷监督案

1. 基本案情

江苏某建设有限公司副总经理黄某在乘坐肖某驾驶的轿车去徐州途中发生交通事故,肖某因犯交通肇事罪被判处刑罚。经鉴定,黄某因受伤致智能损害、人格改变。黄某以其代表公司前往徐州投标途中受伤为由向当地人社局申请工伤认定。人社局以黄某提供的投标资料、授权委托书中所盖的公司印章、聘用合同书上所盖的公司印章和该公司在工商部门所存的印模不一致,无法证明黄某是因工受伤为由不予认定工伤。黄某向法院提起行政诉讼,请求撤销人社局作出的不予认定工伤的决定,认定其为工伤。法院一审、二审均驳回了黄某诉讼请求。黄某不服法院判决,向检察机关申请监督。

2. 案件办理情况

检察机关受理该案后迅速展开工作,依法会见当事人,并着重就公章是否由该公司使用的问题展开调查核实,查明黄某等人所持投标文件中所盖公司印章虽与工商部门存档印模不一致,但该公司在其他项目的投标文件中也曾使用过该印章。检察机关综合全案认为,可以证明该印章为该公司所有,黄某前往投标系执行工作任务的职务行为,属于工伤认定范围。

检察机关对该案提出抗诉。法院全面采纳检察机关意见,依法改判。法院判决后,该公司与黄某达成和解,支付其相应的工伤补偿金。

3. 典型意义

根据《工伤保险条例》规定,劳动者因工作遭受事故伤害或者患职业病的,国家和相关单位根据工伤保险制度规定,给予劳动者及其亲属必要医疗救治和经济补偿。这一制度是对宪法关于公民权利规定的具体化,也充分体现了我国社会主义制度的优越性。本案中,检察机关通过调查核实,查明了案件事实,依法启动抗诉程序,监督法院作出公正判决,使职工获得工伤补偿,维护了宪法尊严,保障了公民的合法权益。

保障公民获取物质帮助的权利
——高某刑事申诉公开听证案

1. 基本案情

2003 年 7 月,孔某树、孙某某计议抢劫出租车,并购得铁棍 2 根作为作案工具。二人诱使驾驶员高某某将出租车开至郊外,趁高某某不备,用携带的铁棍猛打高某某,致其死亡,抢得手机1部逃离现场。被告人孔某春明知其弟弟孔某树涉嫌抢劫罪,仍资助孔某树现金,并唆使其到外地躲藏。

2. 案件办理情况

2003年12月,法院作出刑事附带民事判决,认定孔某树、孙某某犯抢劫罪,分别判处死刑、无期徒刑;孔某春犯窝藏罪,判处有期徒刑三年缓刑四年。孔某树不服,提出上诉,二审法院作出刑事裁定,维持原判。

被害人父亲高某不服,提出孙某某作案时已年满18周岁,应改判其死刑等理由,向江苏省检察机关提出申诉。江苏省检察机关审查认为申诉人的申诉理由不能成立,予以审查结案。高某仍不服,向最高检提出申诉。最高检认为申诉人的申诉理由不能成立,不予支持,审查结案。

为增加办理刑事申诉案件透明度,提高办案质量和司法公信力,解开申诉人的心结、法结,最高检举行公开听证。承办检察官针对申诉人提出的问题,作出说明。其中详细解释了为何推定孙某某不满18周岁。参加听证的监督员认为,原审判决程序合法,定性准确,符合法律和相关司法解释的规定。检察机关考虑到高某年事已高,没有固定收入来源,又没有得到经济赔偿的实际情况,依法决定给予高某10万元的国家司法救助。77岁的高某写了一封长信,其中写道:"帮助我从16年的痛苦中拯救出来,从漫长的困难之日走出来,开始走向能够享受晚年的道路。"

3. 典型意义

此次听证会充分体现了民有所呼、检必有所应的理念,彰显了以人民为中心、践行公平正义的司法情怀,做到了法度、力度、温度的有机统一,是一次接地气、敢担当、又暖心的行动。

保护公民合法权利有度有节
——朱某山故意伤害(防卫过当)案

1. 基本案情

朱某山之女朱某与齐某系夫妻,朱某于2016年1月提起离婚诉讼并与齐某分居,朱某带女儿与朱某山夫妇同住。齐某不同意离婚,反复到朱某山家外吵闹。5月8日齐某酒后驾车到朱某山家,欲从小门进入院子,未得逞后在大门外叫骂,并站在汽车引擎盖上摇晃、攀爬院子大门,在墙上用瓦片掷砸朱某山。朱某山从屋内拿出宰羊刀防备。随后齐某跳入院内徒手与朱某山撕扯。撕扯中,朱某山刺中齐某胸部一刀。朱某山见齐某受伤,把大门打开,并主动报警。齐某因急性大失血死亡。

2. 案件办理情况

法院一审对该案判决认为,根据朱某山与齐某的关系及具体案情,齐某的违法行为尚未达到朱某山必须通过持刀刺扎进行防卫制止的程度,朱某山的行为不具有防卫性质,不属于防卫过当,但其自动投案并如实供述主要犯罪事实,系自首,依法从轻处罚,判处朱某山有期徒刑15年、剥夺政治权利5年。

朱某山以防卫过当为由提出上诉。检察机关在二审出庭时指出,朱某山的行为属于防卫过当,应当负刑事责任,但是应当减轻或者免除处罚,朱某山的上诉理由成立。法院二审支持检察机关出庭意见,认定朱某山行为属防卫过当,应当依法减轻处罚,判决撤销一审判决的量刑部分,改判朱某山有期徒刑7年。

3. 典型意义

司法实践中,重大损害的认定比较好把握,但对"明显超过必要限度"的认定相对复杂,要根据不法侵害的性质、强度和危害程度等因素,进行综合判断。针对实践当中的常见情形,可注意把握以下几点:一是应作整体判断,即分清前因后果和是非曲直,不能唯结果论,也不能因矛盾暂时没有化解等因素而不去认定或不敢认定;二是对于近亲属之间发生的不法侵害,对防卫强度必须结合具体案情作出更为严格的限制;三是对于被害人有无过错与是否正在进行的不法侵害,应当通过细节的审查、补查,作出准确的区分和认定。

检察院办理刑事案件,高度重视犯罪嫌疑人、被告人及其辩护人所提正当防卫或防卫过当的意见,对于所提意见成立的,及时予以采纳或支持,依法保障当事人的合法权利。

"一号检察建议"保护未成年人合法权利
——齐某强奸、猥亵儿童案

1. 基本案情

2011年夏天至2012年10月,被告人齐某在担任班主任期间,利用午休、晚自习及宿舍查寝等机会,在学校办公室、教室、洗澡堂、男生宿舍等处多次对被害女童A(10岁)、B(10岁)实施奸淫、猥亵,并以带A女童外出看病为由,将其带回家中强奸。齐某还在女生集体宿舍等地猥亵其他5名被害女童(10—11岁)。

2. 案件办理情况

2013年4月14日,当地中级人民法院经审理认定齐某犯强奸罪,判处死刑缓期二年执行,剥夺政治权利终身。判决生效后,报省高级人民法院复核。高级人民法院以原判认定部分事实不清为由,裁定撤销原判,发回重审。该中级人民法院经重新审理,作出判决决定执行无期徒刑,剥夺政治权利终身。齐某不服提出上诉。省高级人民法院经审理,作出终审判决,决定执行有期徒刑十年,剥夺政治权利一年。根据该省检察院提请,最高检依照审判监督程序向最高人民法院提出抗诉,提出本案事实清楚,证据确实充分,情节恶劣,省高级人民法院判决属于适用法律错误,量刑畸轻。2018年7月,最高法作出终审判决,全面采纳最高检抗诉意见,认定原审被告人齐某犯强奸罪、猥亵儿童罪,决定执行无期徒刑,剥夺政治权利终身。

3. 典型意义

本案中,最高检依法提出抗诉,最高检检察长亲自列席最高法审判委员会,这是最高检检察长首次列席最高法审判委员会,体现了最高检严厉打击侵害未成年人犯罪的坚定态度。最高检及时将本案作为指导性案例下发,确定了准确把握性侵害未成年人证据标准,指导各地准确有力惩治性侵害未成年人犯罪,在社会上产生了较大影响。2018年10月,最高检还根据本案反映出的校园安全问题,结合相关调研情况,向教育部发出了"一号检察建议",推动校园安全建设,有效预防性侵害未成年人违法犯罪。

资料来源:人民网,2019-12-07

二、思考讨论题

建设社会主义法治国家,需要弘扬宪法精神,推进国家治理体系和治理能力现代化,那么,作为组织和个人在日常工作学习生活中应该在什么范围内活动呢?

三、案例解析

上述最高检发布的"弘扬宪法精神 落实宪法规定"七大典型案例给我们带来的启示是,任何组织和个人都要在宪法和法律范围内活动,一切违法和犯罪行为都应受到法律的追究与惩处。

四、教学建议

上述案例建议运用于教材第六章第三节"维护宪法权威"相关内容的讲解。

在教学中,教师需要结合上述案例和教学有针对性地选择使用,并注意析出坚持宪法法律至上、法律面前人人平等的社会主义法治原则。让学生清楚明白:任何组织和个人都要在宪法和法律范围内活动,一切违法犯罪行为都应受到法律的追究和惩处。只有维护社会公平公正,才能维护社会主义法制的统一和尊严,才能推进国家各项工作法治化,这样才能实现国家立法权、行政权、检察权、审判权和监察权在法治轨道上有序运行,最终实现依法治国,建设社会主义法治国家的宪法目标。在案例分析、学理叙述、法理阐释中析出社会主义法治原则这一宪法的基本原则。

在案例使用的过程中,需要教师注意这些案例中蕴含的宪法法治理念蕴意,并注意宪法精神与具体适用案件中相关法律条款的关联性。

五、教学反思

通过系列案例的释析,能够使学生加深对社会主义法治原则的理解和把握,进而增强学生的宪法知识和法治意识,有助于学生规则意识的养成。但是,在具体案例的分析中,大多数学生关注的是案件适用的法律条款的基本内容,对里面蕴含的宪法法理与相关案件的融入性理解有一定难度,会出现理解肤浅、法律认知浅薄的现象,这需要教师对选取的案例进行评析时,务必注意这些案例涉及的宪法法治理念的基本蕴意,注意宪法精神与具体适用案件中相关法律条款的关联性,并结合具体案例对适用的法律进行宪法法理的阐释。

参考文献

[1] 习近平.论坚持全面依法治国[M].北京:中央文献出版社,2020.

［2］《习近平法治思想概论》编写组.习近平法治思想概论[M].北京:高等教育出版社,2021.

［3］最高人民法院中国特色社会主义法治理论研究中心.邓小平法治思想研究[M].北京:人民法院出版社,2017.

教学案例七

网络发帖不该"说"

一、案例描述

装修服务公司的设计师陈波40岁出头才有了儿子小明,对儿子是无比的溺爱,可以说是要星星不给月亮。很快小明开始上小学,然而学校的约束让小明很不适应,不是今天肚子疼,就是明天腿疼,总之就是每天早晨小明找各种理由逃学。今天早上七点半左右,陈波准备送小明去学校,然而小明拖拖拉拉就是不肯起床,陈波要上班,他一着急,生拉硬拽总算把小明拖下了楼,可没想到父子俩到了小区门口,这小明就哭嘟嘟赖在地上,死活不肯挪动一步。因为这几天公司指派陈波给一个重要的客户做装修方案,可是一连做了几个,客户都非常不满意,本来自己的心情就不好,看到儿子这么不听话,陈波没有控制住自己的怒火,他把小明从地上拽起来,然后一把就扯掉了小明的裤子,并按倒在自己的膝盖上,抬起手对着儿子的屁股使劲地打,没几下,小明的屁股被打的是又红又肿,直到有人阻拦,陈波这才停了手。而让陈波万万没有想到的是,正是这次他认为再正常不过的管教,彻底打乱了他的生活。

原来在陈波体罚小明的过程当中,有人没有经过他的允许,就把整个过程拍了下来,并传到了网上。视频当中,小明撅着屁股被陈波打得是撕心裂肺,显得特别可怜,而陈波则是一脸的凶相,嘴里骂着脏话。视频一经发布就燃爆了网络,短短几天的时间,点击量就达到了150万次。视频的评论区对陈波更是骂声一片,什么魔鬼化身、枉为人父等,不一而足。

看到这些网评,让陈波心惊肉跳,更严重的是有网友甚至对陈波进行了"人肉搜索",他的住址、电话、工作单位统统都被扒了出来,陈波还接到了很多陌生人的辱骂电话和短信。当然陈波所在的公司也没能幸免,直到客户要求解约,公司才意识到事情的严重性。当公司的老板看了视频以后,恼火地一拍桌子作出了辞退陈波的决定。

陈波沮丧地从单位回到了家。看到爸爸回来,小明冲向爸爸,并用双手使劲推了他一把,小明一边哭一边埋怨地对陈波说:"都怪你,同学们都笑话我,我再也不想去上学了,你是个坏爸爸。"原来陈波打孩子的视频,学校的很多同学也都看到了,更重要的是这个视频实在拍得太清楚了,很多人一眼就看出了光着屁股被父亲暴揍的小男孩就是小明。陈波抱着小明安慰着,心里有种说不出的酸楚。思前想后,决定必须找到发帖的人,弄清楚他为什么要这么做。

原来发帖的人是个大学生,名叫乔鹏,爱打抱不平,也是个小网红,他经常在网站上发一些反映社会不良现象的视频,粉丝不少。那天,乔鹏路过陈波的小区,正好看到陈波在门口体罚小明。有着随手拍视频习惯的乔鹏,见到此状,他立刻掏出手机把整个过程录了下来,并传到了网上。

很快陈波就找到了乔鹏,他要求乔鹏立刻删除视频,令他意外的是乔鹏根本就没有删除视频的意思。他告诉陈波:"自己只是用手机客观地记录了事实,至于网友们怎么说,我可管不着。"见乔鹏的态度如此坚决,陈波差一点就被气炸了,他觉得要删除这个视频,估计得通过法律途径了。

资料来源:CCTV-12 社会与法频道-法律讲堂栏目"不能随便说"

二、思考讨论题

法庭上,乔鹏认为该视频是如实拍摄的,自己拍摄的初心就是想借助舆论监督的力量制止可能存在的侵害未成年人合法权益的行为,自己是没有违法的。那么,你认为本案例中乔鹏发布视频的行为是否违法呢?

三、案例解析

身处数字化时代,我们的大多数言行都变成了数据。移动支付信息、人脸识别记录、信用卡消费记录、论坛发帖记录、微博和朋友圈内容、交通违章记录、医疗记录、纳税记录甚至经过红绿灯路口的记录,都是足以"定义"个体的数据。一旦这些数据遭遇"人肉搜索",轻则让当事人不堪其扰,重则可能变成"杀人不见血"的子弹与飞刀。比如案例中的陈波因为乔鹏同学的随手拍,视频点击量达到了 150 万次,陈波及家人遭受了"人肉搜索",他的住址、电话、工作单位统统被扒了出来,所以陈波这才接到了很多陌生人的辱骂电话和短信,也丢失了工作。

2016 年通过的《网络安全法》等规定,"人肉搜索"已经被定性为一种违法和侵权行为,且大学生乔鹏侵犯了未成年人小明的隐私权。

隐私权是指公民享有的私人生活安宁与私人信息依法受到保护,不被他人非法侵扰、知悉、搜集、利用和公开等的一种人格权。隐私权赋予权利人对私人生活的控制权,这种控制权包括防御他人窃取个人隐私与是否向他人公开隐私及公开范围的决定权。隐私权的常见类型包括个人生活自由权、情报秘密权、个人通讯秘密权、个人隐私利用权。隐私权是公民人格权的重要内容,《中华人民共和国宪法》(2018 修正)、《中华人民共和国刑法》(2019修正)、《中华人民共和国民法典》(2020)等法律条文中均有相关规定。

隐私权教育是全面性教育的重要内容。隐私权作为人的基本权利,也是儿童权利的重要组成部分,成年人在儿童性教育中起到至关重要的引导作用,应当教育孩子保护自己的隐私和尊重他人的隐私。必须重视儿童的隐私权保护,儿童对于隐私权的充分了解将帮助他们免受骚扰和暴力伤害。

关于未成年人的隐私权,我国法律对此有特别的规定。《中华人民共和国未成年人保护法》(2020 修正,2021 年 6 月 1 日起施行)第四十九条规定,新闻媒体应当加强未成年人保护方面的宣传,对侵犯未成年人合法权益的行为进行舆论监督。新闻媒体采访报道涉及未成年人事件应当客观、审慎和适度,不得侵犯未成年人的名誉、隐私和其他合法权益。

另外,我国新颁布的《未成年人保护法》涉及未成年人事项的处理提出了更具体的要求,其中就包括要保护未成年人的隐私权。2021 年 6 月 1 日开始实施的《未成年人保护法》第四条规定,保护未成年人应当坚持最有利于未成年人的原则,处理涉及未成年人事项应当符合下列要求:

（一）给予未成年人特殊、优先保护;

（二）尊重未成年人人格尊严;

（三）保护未成年人隐私权和个人信息;

（四）适应未成年人身心健康发展的规律和特点;

（五）听取未成年人的意见;

（六）保护与教育相结合。

本案当中,乔鹏解释之所以拍摄视频,是因为他不认同陈波教育孩子的方式,但是这个理由并不能免除他的法律责任。因为除了传播视频之外,其实他完全可以通过报警的方式制止这种行为,退一步讲,当时乔鹏认为有舆论监督的必要,那么他也应该通过马赛克等技术对视频进行处理,以确保未成年人的隐私可以得到保护。而乔鹏的做法使小明的面部以及隐私部位彻底地曝光在了公众视野当中,并且在学校遭人耻笑排挤,视频如此高的观看量已经给小明的身心造成了巨大的伤害。《中华人民共和国民法典》第 1032 条规定:"自然人享有隐私权。任何组织或者个人不得以刺探、侵扰、泄露、公开等方式侵害他人的隐私权。隐私是自然人的私人生活安宁和不愿为他人知晓的私密空间、私密活动、私密信息。"很显然,乔鹏同学已经侵犯了小明的隐私权。

最后,法院判决乔鹏删除视频并向小明赔礼道歉,同时赔偿小明精神抚慰金。判决以后,乔鹏删除了视频,并且承担了相应的民事责任。作为父亲,陈波尽管打赢了官司,但是视频事件对他和孩子的影响一时半刻是没法消除的。不过好在通过这件事情,陈波深刻反思了自己教育孩子的方式方法。他认识到作为父亲在工作之外,应该多抽出时间陪伴孩子成长,教育孩子的方式也应该张弛有度,不能过度溺爱,更不能进行体罚。

▌ 四、教学建议

该案例贴合教材第六章第四节"自觉尊法学法守法用法"主题。大学生是未来国家建设的生力军,要积极培养法治思维,正确理解依法行使权利与履行义务,不断提升全民族法治素养,全面推进依法治国。

依法行使法律权利,是体现权利正当性和保障权利实现的充分必要条件。在日常生活中,人们行使任何权利、做任何事情都不能超越法律界限。我国宪法法律规定了公民享有的一系列权利,主要包括政治权利、人身权利、财产权利、社会经济权利、宗教信仰自由及文化教育权利等。人身权利是指公民的人身不受非法侵犯的权利,主要包括生命健康权、人身自由权、人格尊严权、住宅安全权等,其中人格尊严权包括姓名权、肖像权、名誉权、荣誉权、隐私权等。

大学生思维活跃,爱见义勇为,但在现实生活中,这类"好心办错事"的案例不在少数。推进全面依法治国需要全社会共同参与,而大学生是中国特色社会主义事业建设中的中坚力量。因此,大学生要积极培养法治思维,正确把握依法行使权利、履行义务的基本要求,既珍惜自己权利又尊重他人权利,既善于行使权利又自觉履行义务,不断提升法治素养,自觉尊法学法守法用法,成为社会主义法治的忠实崇尚者、自觉遵守者、坚定捍卫者。

五、教学反思

教材第六章"学习法治思想 提升法治素养"共有四小节,内容繁多,知识较为宏观,非法律专业的学生对部分知识点的理解有难度,建议化繁为简,着重难点讲解,尽可能增加学生感兴趣的案例,提升课堂效果。

在教学过程中要注意学生的学习兴趣,除讲解课本上的知识点外,还需要多列举一些生活中或者工作中的正面和反面的实例,加深学生对于知识的理解。案例的叙述可以采用倒叙或者反问的方式,以调动学生的好奇心,集中其注意力。此案例亦可以由学生自制简短的视频,使学生对法律知识有更切身的体会和印象,也可提高学生的动手操作能力,发挥他们的想象能力和创造能力。当然,教师必须进行恰当的引导与调控。可增设讨论环节,调节课堂气氛,还可适当采用一些小活动小奖励激发学生的兴趣。

本案例结合教材重难点,贴近大学生生活实际,能够较好地吸引学生的注意力,教学效果良好;同时,问题启发式教学增强师生互动,增强学生独立思考能力;中间穿插案例,能够让学生更深刻理解学习法治思想以提升法治素养的重要性和必要性。

参考文献

[1] 央视网.CCTV-12社会与法频道《法律讲堂(生活版)》不能随便"说"[EB/OL].(2021-06-23)[2022-12-24]http://tv.cctv.com/2021/06/23/VIDEv7IpoYiu3N67DJYAagCT210623.shtml.

[2] 刘晗.隐私权、言论自由与中国网民文化:人肉搜索的规制困境[J].中外法学.2011,23(04):870-871.

[3] 王利明.隐私权概念的再界定[J].法学家,2012(01):116.

[4] 许晓童,张清.对未成年人保护法律实施问题的再思考[J].山东师范大学学报(社会科学版),2022,67(01):140-141.